STUDY ON
THE CHARACTERISTICS OF
BUDGET RESPONSIBLE PARTY
BUDGETARY SLACK AND
ITS ECONOMIC
IMPACT

预算责任主体特质与
预算松弛及其经济影响
研究

唐慧玲◎著

本书获得重庆理工大学科研启动基金资助项目（项目编号：2020ZDR022）资助

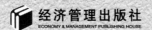

经济管理出版社
ECONOMY & MANAGEMENT PUBLISHING HOUSE

图书在版编目（CIP）数据

预算责任主体特质与预算松弛及其经济影响研究/唐慧玲著 . —北京：经济管理出版社，2022.7

ISBN 978-7-5096-8592-1

Ⅰ . ①预… Ⅱ . ①唐… Ⅲ . ①预算管理—研究 Ⅳ . ①F810.3

中国版本图书馆 CIP 数据核字（2022）第 118220 号

组稿编辑：李红贤

责任编辑：李红贤

责任印制：黄章平

责任校对：蔡晓臻

出版发行：经济管理出版社
（北京市海淀区北蜂窝 8 号中雅大厦 A 座 11 层　100038）

网　　　址：www. E-mp. com. cn

电　　　话：(010) 51915602

印　　　刷：唐山玺诚印务有限公司

经　　　销：新华书店

开　　　本：720mm×1000mm/16

印　　　张：11.5

字　　　数：201 千字

版　　　次：2022 年 8 月第 1 版　　2022 年 8 月第 1 次印刷

书　　　号：ISBN 978-7-5096-8592-1

定　　　价：68.00 元

前　言

　　预算管理是现代企业强化内部治理、实现其战略目标的重要管理控制手段。为了完成特定的生产目标或经营计划，企业所制订的预算计划以货币、现金流以及具体规划描述的形式，对企业未来的生产经营活动进行了详细的安排并合理配置了企业所拥有的有限资源。预算管理在企业内部发挥了强大的控制功能，企业所制定预算目标的完成度可作为其业绩评价的标准。另外，预算目标与企业的激励机制也紧密相连。预算目标的制定是企业实施全面预算管理的起点，它为预算管理系统有效运转奠定了制度基础。然而，预算松弛问题影响着预算目标确定的难度，进而阻碍了全面预算管理的控制功能在企业内的有效发挥。

　　从国外的研究证据可以看出，预算松弛现象普遍存在于企业的预算管理系统中（Dunk and Nouri，1998）。Merchant（1985）利用问卷调查方法研究了电子行业中企业管理层的预算管理行为，发现经理人所制订的预算计划中存在着明显的松弛现象，并且当经理人的业绩考评与预算计划的完成情况相挂钩时，预算松弛出现的概率会明显增加。Merchant 和 Manzoni（1989）的研究发现，其调查样本内有 80% 的总经理明确表示他们所制定的预算计划中存在着松弛，并认为其员工能在较为"宽松"的预算计划内受益。Indjejikian 和 Nanda（2002）发现，企业经理获得的超额奖金具有高度连续性，这意味着预算松弛不仅存在而且具有持续性。我国国有企业从 20 世纪 90 年代初期开始逐步推行全面预算管理，经过政府部门的大力推广和规范执行标准，国有企业已普遍实施了全面预算管理并在实务中积累了重要的工作经验（于增彪等，2004）。我国上市公司的货币薪酬激励契约和业绩考评通常与预算管理挂钩（潘飞等，2006；叶建芳等，2014），刘浩等（2015）发现，我国国有企业的高管更倾向于通过事前谈判争取更多的预算松弛以减少其薪酬考核目标的难度。由此可见，预算松弛现象也广泛存在于我国企业的预算管理实务中。

现行研究对于预算松弛的观点并不统一。委托代理理论将预算松弛解释为采用预算管理必定会导致的一定的效率损失。当企业将预算计划完成情况与业绩评价标准相挂钩时，下层经理在预算编制时可能会利用其所掌握的预算信息优势蓄意制造松弛，使得预算目标难度降低以提高自己的收入水平。然而，这种行为可能会损害公司的利益，进而影响公司预算管理的有效性。权变理论则认为，预算松弛是企业为了应对内外部经济环境变化而做出的一种选择（Chenhall，2003），宽松的业绩目标可以激励员工在复杂工作中有更好的表现（Kelly et al.，2014），如 Li（2015）发现宽松的预算目标明显激发了员工的创新积极性。

本书回顾了预算松弛的相关研究成果，并比较了现行三种社会科学（经济学、心理学、社会学）视角下的预算松弛研究。本书欲研究不同背景特征的高管层建立预算松弛的行为是否存在区别，经过比较后将分析的理论基础建立在经济学与心理学的交叉视域下，以个人心理因素作为切入点融合行为经济学的相关理论和心理学基本观点进行分析。借鉴行为经济学中的心理账户理论对预算松弛的成因进行分析，可以推知预算松弛是企业高管自利行为的一种策略选择，而高管的心理因素发生变化会使其对这种策略的选择做出调整。现有研究已证明内在道德感、程序正义、对声誉的考量等都会影响高管建立预算松弛的行为倾向性（Libby，2003；Little et al.，2002；Stevens，2002；Wentzel，2004）。本书应用 Hambrick 和 Mason（1984）提出的"高层梯队理论"（Upper Echelons Theory），以预算责任主体的背景特征测度其心理结构，再结合行为经济学中的瘾理论对高管建立预算松弛的习惯进行解构，可以推理出与高管的个人经历或社会影响有关的心理因素都会影响其建立预算松弛的行为习惯。

本书以 2003～2015 年我国 A 股上市公司为研究样本，手动搜集整理了各公司主营业务收入的预算数据，以此计算得到预算松弛经验数据。从实证结果推导得出，高管的社会属性、相关工作经历、性别特征以及学历特征都可能会影响其建立预算松弛的行为倾向性。考虑到高管背景特征数据的可获得性，本书主要选取董事长、CEO 和 CFO 作为企业高管的代表性人物进行了假说的建立。本书通过实证研究得出以下结论：①社会属性越强的 CEO 建立预算松弛的程度越低；②具有财会或金融相关工作经历的 CEO 相比没有此类工作经历的 CEO 更容易建立预算松弛；③女性董事长相比男性董事长更倾向于通过包含更多预算松弛的预算计划；④学历较高的 CFO 相比学历较低的 CFO 更不容易建立预算松弛。具体来看，有社会属性的 CEO 除公司的工作外还需要特别维护个人声誉，他们会更加规范自己的行为，在预算编制中不会偏好较多的预算松弛以追求个人经济利益，因为这种做法可能会影响到其个人声誉。CEO 具有财务或者金融相关的工作经历意味着他们拥有财会专业知识的优势，因此他们在预算编制中显得更加自信且工作得心应手。为了提高自身和下级员工的报酬、保持个人工作能力评价并增加工作的灵活性，这类 CEO 更容易利用专业知识和职位便利在预算编制中建立预算松弛。董事长重视公司的长期发展和业绩的可持续性增长，女性董事长相比男性董事长行事更加谨慎、保守，为了增加公司经营的灵活性、分散市场经济环境变化带来的冲击，以及减少下层经理有害的利润操作行为，女性董事长偏好预算目标难度更低的预算计划，其包含的预算松弛较多。高学历的 CFO 接受的社会道德教育更加充分，他们所形成的强烈道德感抑制了其出于追求个人利益而建立预算松弛的行为。

由行为经济学理论的分析可知，预算松弛是企业高管自利行为的一种策略选择，而这种策略选择会损害公司的利益。为了更清楚地了解预算松弛可能给公司利益带来的损害，本书探究了预算松弛与公司的几种重要的经济特征存在的关联。本书通过实证研究得出以下结论：①预算松弛程度与公司市场价值显著负相关；②预算松弛的存在会使公司未来年度的盈余管理水平下降；③预算松弛与公司承担的市场风险显著正相关。具体来看，公司价值受到市场内投资者的影响，当预算松弛被视作一种不良信号传递到市场时，投资者会降低对该公司的投资比例，因而该公司的市场估值会下降，公司价值也会下降。预算松弛会降低企业的经营目标，当管理者的薪酬与完成企业经营目标挂钩时，他们会减少为了提高自身收益而进行的粉饰性盈余管理行为，这反映在企业次年的盈余管理水平降低。当管理者了解公司的预算计划中包含预算松弛时，其业绩目标难度会显著降低，预算松弛的存在已经使他们降低了一定的工作失败风险，此时他们更愿意去选择风险更高、收益更大的投资项目，公司承担的风险也会相应升高。

本书做出的主要贡献如下：

第一，为预算松弛影响动因的研究提供了新视角，也是对预算松弛主题实证研究证据的补充。现有关于预算松弛动因的文献多采用实验研究的方法（程新生，2008；郑石桥和王建军，2008；Young，1985），关注了信息不对称、管理者行为、报酬方案等。个人因素方面重点关注了高管声誉和个人道德及责任感（Douglas，2002；Webb，2002；Yuen，2004），既有研究方法多为问卷调查，实证研究证据较为稀缺。借鉴"高层阶梯理论"的观点，本书采用高管的背景特征对其心理结构进行测度，研究了高管背景特征与其建立预算松弛倾向性的关系，为高管个人特征因素与预算松弛关系的实证研究做出了增量性贡献。

第二，本书创新地将行为经济学理论引入预算松弛的动因研究中，弥补了以往同类文献中采用委托代理理论分析的不足。委托代理理论将预算松弛解释为企业高管的自利行为，这可以作为本书分析时的一个理论基础。然而，委托代理理论在分析时将高管假设为完全理性且偏好一致，这与实际情况不甚相符。行为经济学理论有助于分析实际情况中企业高管的不同心理特征对其建立预算松弛行为倾向性的影响，为将预算松弛动因研究解构至个体特征层面上提供了有力的理论分析支持。

第三，本书通过研究预算松弛与公司三类重要经济特征的关系，为预算松弛可能给公司带来的经济影响补充了实证研究证据。已有文献对预算松弛与公司业绩的关系结论并不一致，而关于预算松弛与公司价值相关性的研究更为鲜有，本书填补了此类研究的空缺。公司价值在一定程度上可以反映公司的长期业绩，从本书的研究结论来看，预算松弛会损害公司价值及长期业绩，企业应尽量减少预算松弛。本书关于预算松弛与公司盈余管理关系的结论与已有文献相同，而预算松弛与公司市场风险的关系先前未被研究过。本书对预算松弛与公司市场风险的相关性研究在理论分析和实证研究上都提供了一定的价值，未来还可对预算松弛与公司研发创新的关系展开研究。

第四，本书的研究结论可以帮助完善现代公司的治理机制，优化企业预算管理过程，使公司长期处于有利的发展进程中。本书有助于公司在聘请高管时，根据公司自身的预算松弛习惯，对不同背景特征的高管进行筛选，优化公司的高管团队结构。另外，参考本书对预算松弛与公司几类重要经济特征的相关性研究结论，公司可以将预算松弛作为一项经济指标来预测其未来可能受到的不良影响，及时调整公司次年的预算计划以有效控制预算松弛问题，使公司的几项重要经济特征处于有利于公司长期可持续发展的范围内。

目　录

第一章

引　言

一、研究背景及研究动机

（一）研究背景

自会计学科"同源分流"后，管理会计伴随着现代企业制度与金融市场的发展壮大而日益优化。1911 年，在西方被誉为"管理会计之父"的泰罗（F. W. Taylor）发表了《科学管理原理》（*Principles of Scientific Management*），提出了科学管理理论。随着科学管理理论被运用于企业的实际经营管理中，以"标准成本"（Standard Cost）、"预算控制"（Budget Control）、"差异分析"（Variance Analysis）为主要内容的管理会计也开始蓬勃发展起来（余绪缨，1983）。这也是预算管理被正式运用于企业实际管理活动的开端。

我国财政部历来高度重视企业的会计工作，而管理会计作为企业会计工作中的一个重要部分，服务于企业的内部管理者，为其提供相应的财务信息及其他相关信息以助其做出正确的管理决策，使企业不断增值。这些无疑都彰显了管理会计所处的重要地位。2014 年 7 月 31 日，财政部强调要加速发展具有中国特色的管理会计，构建中国的管理会计体系，帮助我国的行政事业单位提高其日常理财水平和预算管理的成效，最终推动我国的经济转型和产业升级。此后，管理会计成了社会讨论的热点话题，随着 2014 年 10 月我国财政部发布《财政部关于全面推进管理会计体系建设的指导意见》，管理会计开始在全国范围内进行正式的体系建设和全面推进。为贯彻落实《财政部关于全面推进管理会计体系建设的指导意见》，"十三五"时期，财政部积极构建管理会计指引体系。2016 年、2017 年连续两年，财政部在积极宣传管理会计理念的同时，推动管理会计指引体系与实践相结合，认真引导开展管理会计研究。直至

2021 年 11 月，财政部印发《会计改革与发展"十四五"规划纲要》，提出了"推动会计职能对内拓展"的主要建设任务，而全面深化管理会计的应用便是推动会计职能对内拓展的重要任务之一，管理会计的研究与实践正在我国蓬勃发展。

预算作为管理会计研究中最为广泛（Covaleski et al.，2003）和最具有代表性的主题之一，影响着管理会计领域的各个分支，如成本会计、责任会计以及业绩和薪酬等都与预算息息相关。20 世纪 90 年代初，我国吸取了西方管理会计研究的理论和实务操作经验，开始广泛倡导全面预算管理在我国企业内的应用。2000 年 9 月，国家经济贸易委员会颁布了《国有大中型企业建立全面预算管理制度》，标志着我国开始初步推行全面预算管理。2001 年 4 月，我国财政部发布的《企业国有资本与财务管理暂行办法》对企业应采用财务预算管理制度做出了明确规定。2002 年 4 月，财政部又发布了《关于企业实行财务预算管理的指导意见》，对企业的具体财务预算管理活动进行了进一步指导。这一系列规章制度的颁布，标志着全面预算管理在我国企业内已进入了规范实施阶段。预算管理的研究和发展是推进管理会计体系建设的重要环节，目前我国改革开放已经历四十余载，社会主义市场经济不断发展、完善，我国企业的预算管理也在原有的经验基础上引进、消化、融合了国外相应的思想经验，形成了具有中国特色社会主义的预算管理体系（贡华章等，2008）。

预算管理作为现代企业管理控制系统中的重要手段，一直在企业管理中有着举足轻重的地位，也是学界和业界共同关注的热点话题。管理会计实质上可被解释为一种企业组织内部的制度计划和管理安排，而预算正是实现管理会计职能的具体手段。预算管理具有多种用途和功能，包括明确企业决策目标、协调组织内活动、控制给定时期内企业资源的配置和使用、提供绩效评价手段与激励员工等。预算管理逐渐发展为集控制、评价、激励功能于一体的实现企业战略方针的经营管理机制，这说明了预算管理在企业内部控制系统中的核心地位。虽然预算几乎是所有现代企业管理控制系统的基石，但其执行情况仍然远非完美（Hansen et al.，2003）。预算松弛作为影响预算管理有效性的现象，普遍存在于企业的预算管理活动中，如 Merchant 和 Manzoni（1989）通过调查发现其研究样本内有 80% 的经理承认他们的预算计划中存在着松弛。Schiff 和 Lewin（1970）研究了组织中管理者与被管理者的经济活动关系，发现管理者在编制预算时低估收益而高估成本使得一定的预算松弛显现出来。

预算活动在企业组织内部具有影响管理者决策的作用（Demski and

Feltham，1976），这是因为在预算目标完成情况能够作为企业管理层绩效评价标准的基础（潘飞等，2006）。在企业将预算管理与企业业绩评级及员工薪酬激励相挂钩的背景下，预算目标的完成情况直接影响到企业管理者的个人利益，在预算编制阶段他们倾向于设定较为"轻松"的预算目标，对未来年度企业将发生的成本或所需资源估计过高，对将得到的收入或企业生产能力估计过低，预算松弛问题就由此产生。以上分析都是基于委托代理理论的观点，认为预算松弛对预算管理的有效性会产生直接的负面影响，即预算松弛会扭曲预算目标的真实性，导致企业资源的分配不妥、企业员工的消极怠工等不良后果。然而，另外一些研究从权变理论的角度对预算松弛展开分析，认为预算松弛并不是"有害的"，如 Merchant 和 Manzoni（1989）的研究发现其员工能在较为"宽松"的预算目标内受益。这是因为预算松弛可为未来经营环境的不确定性提供缓冲，缓解员工实现预算目标的压力，从而使员工在宽松的环境中表现得更好。权变理论认为，预算松弛具有一定的"功能性"，可以帮助企业适应外部经营环境的变化，提高企业的经营表现。在企业的预算模式中，战略与预算通过平衡计分卡联系起来，企业的战略定位决定了预算计划的编制。结合权变理论分析可知，在这种预算模式中，预算松弛是企业实现其经营战略的一种手段，有研究表明采取差异化战略的企业更倾向于建立预算松弛（Van der Stede，2000）。预算松弛可以为企业创造一个更安全的环境去开发新产品或者实现不确定性较大的创新计划（Nohria and Gulati，1996），这也说明预算松弛有帮助企业实现创新计划的战略性功能，预算松弛"有害论"在权变理论观的分析下显得不攻自破。在我国的经济环境下，我国企业预算松弛的具体成因及影响如何，值得深入讨论。

（二）研究动机

已有的预算松弛相关研究文献，往往借鉴委托代理理论进行分析，认为预算松弛是由于预算编制中存在信息不对称而造成的一种高管的"逆向选择"问题，但高管建立预算松弛的具体行为倾向性值得探讨。在实际经营活动中，企业高管并不如委托代理理论中所假设的那样，属于严格理性经济人且偏好一致，个人偏好不同的企业高管建立预算松弛的行为倾向性可能存在差异。而行为经济学相关理论能很好地诠释具有不同心理特征、不同个人偏好的企业高管建立预算松弛的行为倾向性是否存在区别。同时，基于 Hambrick 和 Mason（1984）所提出的"高层梯队理论"（Upper Echelons Theory），企业高管的不同心理特征可以用其背景特征进行测度，这也增加了本研究的可行性。

考虑到已有研究对高管的理性和偏好假设存在不合理，关于企业高管建立预算松弛的个人行为研究也存在一定空间。为了对现有相关文献空缺做出有益的补充，本书旨在研究具有不同背景特征的企业高管建立预算松弛的行为倾向性是否存在区别，并结合行为经济学的理论推导，探究预算松弛可能给公司带来的一些经济后果。

二、主要研究结论

本书研究了高管的某些心理因素可能与其建立预算松弛的行为倾向性存在的关联，具体选择了高管的一些背景特征对其心理结构进行测度。首先，结合行为经济学相关理论和心理学基本观点，推导出可能与高管建立预算松弛的行为存在关联的背景特征。其次，选择预算编制中具有代表性的预算责任主体（高管）建立研究假说，包括假说4.1：在公司主要特征控制不变的情况下，公司内现任CEO的社会属性越强，则该公司当年的预算松弛程度越低；假说4.2：在公司主要特征得到控制的情况下，现任CEO有财务或金融相关工作背景的公司相比CEO没有过该类工作背景的公司，其当年的预算松弛程度更高；假说4.3：在公司主要特征得到控制的情况下，女性董事长相比男性董事长倾向于通过包含更高水平预算松弛的预算计划；假说4.4：在公司主要特征得到控制的情况下，公司内现任CFO的学历越高，则公司当年的预算松弛程度越低。

在讨论完公司高管背景特征与预算松弛存在的相关性后，本书探究了预算松弛可能给公司带来的经济影响，具体建立了预算松弛与公司几项重要经济特征的相关假说，包括假说5.1：公司的预算松弛程度越高，则其市场价值越低；假说5.2：公司当年的预算松弛会减少其下一年度的应计盈余管理水平；假说5.3：公司的预算松弛程度越高，其所承担的市场风险越大。

本书选择2003~2015年我国沪市、深市A股的上市公司作为研究样本，考虑到行业的特殊性剔除了金融行业、保险行业的公司，另外剔除了财务数据异常的ST、*ST及PT股公司。搜集完研究所需的变量数据后，对本书提出的各条研究假说进行了实证检验。

通过实证研究分析，本书得出预算责任主体（高管）的背景特征与其建立预算松弛的行为倾向性存在以下关系：①社会属性越强的 CEO 对个人声誉的关注更高，其建立预算松弛的程度相对较低；②具有财会或金融相关工作经历的 CEO 相比没有此类工作经历的 CEO，其拥有专业知识的优势且更容易建立较多预算松弛；③女性董事长相比男性董事长更偏好追求稳定的成功且厌恶风险，因此她们倾向于通过包含更多预算松弛的预算计划；④学历较高的 CFO 所受到的社会道德观的培养更完善，其形成的个人正义感和道德感更强，相比学历较低的 CFO 更不容易建立预算松弛。

通过探究预算松弛与公司几类重要的经济特征的关系，本书得出以下研究结论：①预算松弛程度与公司市场价值显著负相关。预算松弛作为高管的自利行为选择，会对公司的长期市场价值造成损害；②预算松弛的存在会使得高管更容易达到业绩目标，他们进行粉饰性盈余管理的动机会被削弱，这表现为预算松弛会使得公司未来年度的应计盈余管理水平下降；③预算松弛与公司承担的市场风险显著正相关。预算松弛通过提高了管理者承担风险的意愿，使其在工作中更愿意选择高风险高回报的项目，从而间接地提高了整个公司所承担的市场风险。

三、研究价值

（一）理论价值

第一，为预算松弛影响动因的研究提供了新视角，也是对预算松弛影响因素实证研究证据的补充。企业高管特征与预算松弛相关性的研究，属于预算松弛动因研究的一种。现有文献研究预算松弛影响因素多采用实验的方法（Onsi，1973；Young，1985；程新生，2008；郑石桥和王建军，2008），关注信息不对称、管理者行为、报酬方案等因素。对个人因素方面关注较多的为高管的个人声誉、个人道德及社会责任感（Douglas，2002；Webb，2002；Nouri，1994；Yuen，2004），并且研究所使用的方法多为问卷调查，实证研究的证据较为稀少。管理者的个人偏好及态度等一般较难用指标进行测度，本书借鉴"高层阶梯理论"的观点，采用高管的背景特征对其心理结构进行度量，具体研究了高管背景特征与其建立预算松弛行为的关系。本书为高管个人特征因素与预算松弛关系的实证研究做出了增量性学术贡献。

第二，本书创新地将行为经济学理论引入预算松弛的动因研究中，弥补了以往同类文献中采用委托代理理论分析框架的不足。委托代理理论将预算松弛解释为企业高管的自利行为，这可以作为本书分析的一个基础支撑，因为预算编制中企业管理层上下级之间存在着信息不对称是预算松弛形成的一个关键因素。然而，委托代理理论在分析时将高管假设为完全理性且偏好一致，这与企业实际情况不相符。行为经济学理论则可以很好地预测在企业高管具有有限理性且个人偏好不同时，其建立预算松弛的行为倾向性。行为经济学理论有助于分析企业实际经营环境中企业高管的心理特征与其建立预算松弛行为倾向的关系，为将预算松弛动因研究界定到个体特征层面上提供了有力的理论分析支持。

第三，本书关于预算松弛与公司三类重要经济特征相关关系的研究，补充了预算松弛可能给公司带来的经济影响的实证类研究文献。已有文献对预算松弛与公司业绩的关系结论并不统一，而鲜有研究预算松弛与公司价值的文献，本书丰富了此类研究成果。公司价值在一定程度上可以反映公司的长期业绩，从本书的结论来看，预算松弛会损害公司价值及长期业绩，企业应尽量减少预算松弛。本书关于预算松弛与公司盈余管理关系的研究结论与已有文献相同（雒敏，2010；潘飞和程明，2007），而预算松弛与公司市场风险的关系未有研究者涉足，本书在理论分析和实证研究上都对此做出了边际贡献，未来还可以继续对预算松弛与公司研发创新的关系展开研究。

（二）实践价值

第一，本书有助于公司在聘请高管时，根据自身的预算松弛习惯，对不同背景特征的高管进行筛选甄别，以优化本公司的高管团队结构。本书通过研究发现，高管的某些背景特征与其建立预算松弛的行为倾向性存在关联，公司可以针对其某些背景特征制定相关政策，强化高管一些心理因素对其建立预算松弛动机的抑制作用，以达到减少高管建立预算松弛的最终目的。

第二，本书有助于完善现代公司的治理机制，优化企业的预算管理过程，使公司处于长期有利的发展态势。预算松弛问题一直被视为影响企业预算有效性的一种不良现象，有观点认为预算松弛会影响企业的正常经营管理。本书通过分析发现，预算松弛作为高管在预算编制中的一种自利行为的选择，会对公司的利益造成一定损害。参考本书对预算松弛可能对公司带来的一些经济影响的研究结论，公司可以将预算松弛作为一项经济指标来预测其未来可能引致的不良影响，及时调整公司次年的预算计划以有效控制预算松弛问题，使公司的几项重要经济特征处于有利于公司长期发展的范围内。

四、重要概念界定

（一）预算责任主体

预算责任主体是指企业中直接或间接参与预算编制的责任群体，本书为了分析之便，将所有直接参与预算编制的责任主体划分为三个层次，分别为董事会、高管层（经理层）、下属层。其中，董事会包括董事长、副董事长、内部董事、独立董事；高管层包括总经理、副总经理、CEO、总裁、副总裁、董事会秘书和财报附注披露的其他高级管理人员；下属层包括所有预算责任主体除去分类到董事会和高管层后剩下的预算编制相关人员。预算编制的间接责任主体是指没有直接参与预算编制，但会对最终预算计划产生影响的责任群体。

预算编制系统中存在上下级层级关系，对最终预算编制结果影响较大的为上级，考虑到责任主体背景特征数据的可获得性，本书重点关注预算责任层级中的董事会和高管层这两个层级，并从中选出具有代表性的决策人物。本书主要研究董事长、CEO 和 CFO 这三种具有代表性的个体各自的背景特征与公司预算松弛存在的相关性，并对得出的结论予以合理的分析与解释。

后文中为了简化称谓，有的地方将"预算责任主体"简称为"责任主体"。本书主要研究的"责任主体"为董事长、CEO 和 CFO，并且"责任主体"与其他文献中定义的"高管"是类似的概念。由于学术界对于高管的定义并不完全统一，在文献中经常根据各自研究的需要进行特殊定义。本书后面内容若出现"高管"的称谓，规定其与本书定义的"预算责任主体"含义相同，具体包括董事长、CEO 和 CFO 等参与预算编制的企业高层[①]。

（二）高管背景特征

参考 Hambrick 和 Mason（1984）提出的"高层阶梯理论"（Upper Echelons Theory），并根据已有关于高管背景特征与高管行为、企业决策相关性研

---

① 本书所定义的预算责任主体层级中的"高管层"与后文中出现的"高管"称谓的定义相互区别，具体解释见本节。

究文献中的研究设计（池国华等，2014；韩静等，2014；姜付秀等，2012；毛新述和周小伟，2015；袁建国等，2015；Han，2019；Hutto et al.，2014；Faccio et al.，2016），结合本书的研究内容和研究目的，考虑到我国企业内高管背景特征相关研究数据的可获得性，本书主要研究了各预算责任主体的6个背景特征与公司预算松弛的相关性，包括性别、年龄、学历（教育背景）、相关工作经历（职能背景）、社会属性强度和任期。其中，年龄、性别属于人口学特征，学历、任期、工作背景、社会属性属于个人经历特征。需要说明，社会属性特征在 Hambrick 和 Mason（1984）的"高层阶梯理论"中并未被提到，而是在参考以往相关文献时发现这一特征与管理者行为、企业决策等存在相关性，因此将社会属性特征加入本书所选择的高管背景特征变量中，具体研究时和其他几个变量相似地利用"高阶理论"进行类比解释，即社会属性特征也测度了高管的一种心理特征，这会影响到其建立预算松弛的行为倾向性，具体分析可见后文。

五、本书结构

本书研究框架如图 1-1 所示。本书其他部分内容的安排与简介如下：

第二章是相关文献综述。首先对预算管理系统相关的研究文献进行了分类梳理；其次就预算松弛的产生原因和影响因素对相关文献进行了归纳总结，同时回顾了高管背景特征与预算松弛相关性研究的文献；最后对目前预算松弛问题的研究现状做了评析。

第三章是研究的制度背景与理论基础。首先回顾了预算管理系统的演进历史；其次介绍了预算管理系统存在的各个主体；最后具体分析了预算松弛在企业实际预算编制过程中产生的原因。另外，介绍了预算松弛成因分析的常见理论，总结并比较了三大社会科学视角下的预算松弛研究情况，阐述了本书研究采用的理论基础及原因。

第四章是预算责任主体背景特征与预算松弛。首先，以 CEO 为公司高管层的代表性人物，结合行为经济学中的心理账户理论及瘾理论，对 CEO 的背景特征与公司预算松弛存在的相关关系提出了研究假说。其次，在同样的理论分析基础下，以公司的董事长和 CFO 为分析对象，又提出了拓展性研究假说。最后，利用我国上市公司的实际数据对本章所提出的假说进行了实证检验，根据实证检验结果得出了相关研究结论。

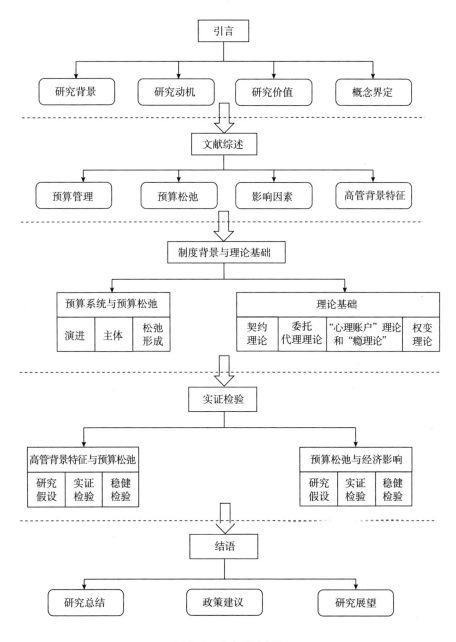

图1-1 本书研究框架

第五章是预算松弛的经济影响。首先，结合本书的理论基础，针对预算松弛与公司三类重要的经济特征指标分别提出了研究假说，三类经济特征指标包括公司价值、公司未来年度的盈余管理、公司承担的市场风险。其次，利用我国上市公司的实际数据对本章所提出的假说都进行了实证检验，并根据实证检验结果得出了研究结论。

第六章是结语。首先对本书的基本研究结论进行了总结；其次对公司合理应对预算松弛提出了政策建议；最后阐述了本书研究存在的局限性以及对未来研究方向的展望。

第二章

相关文献综述

一、预算管理系统

（一）预算管理的作用

预算管理在发达国家很早就被企业采纳，约 19 世纪被引入西方企业，距今已有百年历史。Johnson 和 Kaplan（2004）的著作《管理会计兴衰史》中提到，1880 年西方企业已开始采取科学管理系统，这便是预算管理被运用于企业的开端。预算管理的研究与企业实务的发展关系密切，学者一般会关注企业预算管理实务中出现的问题并展开研究。著名会计学家 Zimmerman 认为，预算具有两个基本功能：决策与控制。后来的研究指出，若在使用预算管理时不对其基本功能加以区别，会导致这两个功能的冲突（佟成生等，2011）。研究还指出，根据权变理论，企业在进行预算管理时，应该注意企业所处经营环境的变化所引起的预算管理要求的变化，这样才能使预算管理发挥最大作用。

预算作为现代企业管理控制系统的基石（Hansen et al.，2003），其作用不可小觑，主要体现在激励员工以实现企业组织的目标上（Merchant and Van der Stede，2003）。关于预算管理在市场不完整的背景下应该被企业用以实现其激励功能的原因已被给出（Demski and Feltham，1978），预算考核阶段的重要功能就是企业业绩评价与员工激励。早期 Hopwood（1972）的研究提到的三种企业管理业绩评价方式中，就包括预算控制方式。Otley（1978）通过案例的方式研究了预算目标作为组织业绩评价标准的方式，其结论为预算管理系统的有效性不仅与技术有关，还与预算参与人处理相关信息的方式有关。

企业员工的薪酬激励与企业业绩密不可分（Murphy，1985），Merchant（1989）对于许多管理会计教材内给定的"为了达到最优的激励效果，预算目标的可实现性应小于百分之五十"这一关于预算动机的观点提出了不同看法，他通过一项实验研究证明了更高的预算目标可实现度可以带来更多好处，如更准确的财务报告、更好的资源配置与控制。由此可见，预算管理在国内外经理人绩效评价和薪酬激励计划中具有重要作用（Fatseas，1992；Murphy，2001；潘飞等，2006；叶建芳等，2014）。

在使用预算管理时，从权变理论的观点出发，预算的实施效果必定受到企业内部和外部环境的共同影响。当企业面对战略变革时，Abernethy 和 Brownell（1999）认为，使用交互式的预算模式可以减轻这个过程中破坏性的绩效影响。预算管理系统也属于会计控制系统的一种，使用时应当注意预算计划与企业的战略目标相契合才能使预算管理发挥最大的作用（Simons，1987）。关于预算与公司战略的关系以及如何影响公司业绩的研究证据已存在（Simons，1988），预算紧度对公司业绩也存在影响（Merchant and Simons，1986）。Hirst（1987）指出，在不同任务环境下设定预算目标对任务绩效的影响是不同的，具体来说在任务不确定程度比较高时，通过设定预算目标来提高任务绩效，比在任务不确定度较低的情况下所实施的效果更差，即任务的不确定性对预算功能的发挥存在影响。Hirst 和 Yetton（1999）的研究也证明，任务依赖性会对预算目标设定和任务绩效间的相关性产生影响。不同薪酬契约对组织绩效的影响也是不同的，Fisher 等（2003）研究了以预算为基础的契约和预算水平（业绩目标）对于组织绩效的影响，结果显示，预算线性契约相比预算固定契约或计件工资契约会产生更好的组织绩效。另外，预算目标的可实现度、预算参与人的认知效应也会影响员工的最终表现（Chong and Johnson，2007）。

（二）预算管理中的参与者行为

预算管理研究的发展与实务关系密切，早期预算管理研究的问题主要是关于实务中的预算技术等。随着企业实务的更新和发展，预算管理中参与者行为的不确定性与复杂程度开始引起学者的关注，Argyris（1952，1953）的一项实地研究标志着早期预算中人类行为研究的开始，其中的预算功能失调现象也成为后来学者关注的焦点。

参与式预算中员工行为动机的问题，受到许多学者的关注与研究。此时提到的员工指预算管理中的参与者，因此包含了预算管理中的上级管理者和下级员工，具体包含董事长、经理和下属员工等。预算参与对预算编制过程中员工行为会产生影响（Brownell，1981；Brownell，1982；Nouri and Parker，1998；

Chenhall and Brownell，1988），而经理人的预算相关行为与企业组织结构相关（Bruns and Waterhouse，1975；Merchant，1981）。在信息不对称的预算环境中，预算编制者有逆向选择的道德风险，他们可能会出于利己目的而传递有利于自己的预算信息、隐匿不利于自己的预算信息。Waller（1988）的研究为此问题带来了答案并给出了证据，即下属员工是否会向上级传递不准确信息以使预算向着利己的方向编制。Waller 采用实验研究的方法，其结论为如果以真实为导向的薪酬计划被使用，当员工为风险中性时预算松弛程度会减少，但当员工为风险厌恶类型时此结论不成立。同样是面对预算压力下出于利己的目的，Merchant（1990）通过研究发现，在相对不确定的环境下，经理在很大程度上倾向于把下一年度的利润转入本年来缓解预算的压力。Searfoss 和 Monczka（1973）的研究结果表明，感知性预算参与同实现预算的动机、感知性预算参与组织层次都存在正向关系，权威和独立性作为参与式预算的目标可接受度的调节变量被引入。预算参与以及经理对预算的偏好都会对经理面对上级和组织的态度产生影响（Magner et al.，1995）。Shields 和 Young（1993）提出，关于参与式预算的研究结果并不统一是因为其过程模型的不完整，他们建议在研究参与式预算时可以将某些特殊原因与结果联系起来，其研究证明了信息不对称通过参与式预算对公司绩效产生影响的路径是成立的。

二、预算松弛的产生

通过回顾文献可以发现，预算通过计划与协调来帮助企业实现盈利的目的，后期还能为企业提供业绩和员工表现考核的评价标准，为企业带来的好处甚多。但是，预算为企业提供帮助的同时也带来了一定成本，如局限了员工间的相互合作、限制其创造性、鼓励预算编制过程中的"讨价还价"行为、鼓励员工的消极性和上级的权威性等（Hansen et al.，2003）。关于预算有效性的问题也引起了广泛关注，基于预算的业绩评价与薪酬激励计划是否具有经济价值，也就是这种契约方式所带来的收益与成本之间的关系（Baiman and Evans，1983；Penno，1990），决定了预算实务的有效性。

预算具有参与性的特点时，上下级便可参与到预算编制活动中来。后来预算开始受到行为学研究者的批评，有人质疑说预算本来就是有缺点的（Hope，2003），一个重要原因就是预算管理出现了对其有效性造成极大影响的预算松弛现象，学者开始质疑预算管理是否能保证其利大于弊。证据显示，当企业实施以预算为基础的薪酬激励计划后，下级员工开始表现出建立预算松弛的行为（Walker，1999；Kirby et al.，1991）。

（一）预算松弛的定义

根据相关文献，Cyert 和 March（1963）、Williamson（1964）的研究最早提出了"松弛"这一概念，后来 Schiff 和 Lewin（1970）的研究则说明了预算松弛的具体操作为管理者在编制预算时低估收益、高估成本的行为。关于预算松弛这一概念的解释并不唯一，Merchant（1985）定义的预算松弛为项目的预算额减去该项目实际需要的数额的值。Chow 等（1988）定义的预算松弛为预期业绩减去参与性的预算计划数，其研究还得出结论：当信息不对称存在时，真实导向性的薪酬策略下的松弛程度远小于松弛导向性的薪酬策略下的松弛程度。Lukka（1988）的研究中定义预算松弛是分配资源不善而产生的后果，在预算制定过程中由于经理人努力降低预算目标而使其比较容易达到时，这一预算偏差行为会降低预算考核时的薪酬激励作用。Simons（1988）关于组织特征与紧预算目标关系的研究中，将预算松弛定义为一种结果，即制定容易达到的预算目标使员工因为良好表现而受到组织嘉奖，但这种表现在预算目标比较紧的情况下是不达标的。此定义是从预算松弛的产生原因进行分析的，与 Lukka（1988）的定义相似，都是对经理人的偏差行为及后果进行的刻画。Dunk 和 Nouri（1998）对预算松弛的定义为经理人完成预算目标时有意低估收入、高估成本或有意高估产能、低估资源的行为。

（二）预算松弛产生的原因

已有对预算松弛成因最常见的解释是基于委托代理理论，将预算松弛定义为预算功能的失调现象（Davila and Wouters，2005），预算松弛是管理者追求个人利益最大化的一种投机行为，而这种行为会损害公司的利益。具体来看，企业内的员工若想制造预算松弛，需要最基本的两个条件：首先，拥有预算参与权；其次，有制造预算松弛的动机。参与式预算为经理人建立预算松弛提供了先决条件，Lukka（1988）曾提到预算中的高参与度会使下属经理更有机会建立预算松弛，其研究还增加了现有对预算中偏差行为（经理人努力使预算目标降低的行为）的认识，这种预算偏差行为是各种相互关联因素作用的结果，研究所提出的框架也是理解和解释公司预算偏差行为的有效基础。经理人建立预算松弛的动机，在很大程度上是因为现有企业将员工薪酬激励计划与企业业绩挂钩，而企业业绩的评价方式正是预算目标的完成情况。当经理人意识到薪酬与预算完成情况相关时，必定会采取各种办法使预算目标较容易达到，各种办法中就包括建立预算松弛（Jensen，2003）。Church 等（2019）的研究考察了预算报告计量标准和预算松弛的好处这两个因素对预算报告行为的影响，其结果显示，这两个因素都会破坏经理的道德自律行为，使其提供不实的预算报告。

然而，基于权变理论的相关研究并未把预算松弛看作一种预算功能失调现象，有研究发现，预算松弛也可能具有一定的"功能性"，可以帮助企业实现不确定性较大的长期研发计划，此时预算松弛被解释为企业应对经济环境变化的一种"自我选择"。Nohria 和 Gulati（1996）指出，预算松弛与组织创新存在一种倒"U"形关系，预算松弛促进了更大型的实验，减少了预算对创新项目的约束。因此，预算松弛的程度在一定范围内可以促进组织创新，而在另一范围内会抑制组织创新。另外，预算松弛也可以为企业员工创造较为"宽松"的工作环境，企业建立一定的预算松弛可为其未来经营环境的不确定性提供一个缓冲，降低员工完成预算目标的压力使其表现得相对较好（Merchant and Manzoni，1989）。

三、预算松弛的影响因素

上文简要阐述了现行两种理论观点对预算松弛成因的解释，接下来详细讨论可能对企业预算松弛产生影响的因素。目前大多数学者对预算的研究往往建立在三类社会科学（经济学、心理学和社会学）的视角之下。这三类理论视角下的预算研究逐渐趋于差异化，因为各社会科学理论视角下的研究所建立的假设不同，其对于预算相关问题的考察范围也做出了不同的规划。因而在研究预算松弛的影响因素时，本书分别从这三类社会科学视角出发，结合企业内预算编制的实际流程及组织特征对预算松弛的产生原因和可能对其造成影响的因素进行了分析，以此说明针对预算中的同一类问题"预算松弛"，这三种视角各自的主要关注点有何不同，另外还评判了不同视角下预算松弛对公司的影响。

（一）经济学的视角

在经济学的研究视角下，个人的偏好和信念被统一化、简化，结合预算的研究背景，此时企业内高管的个人偏好被统一理想化，他们被看作是严格的利己主义者，研究重点关注的是在委托人与代理人存在偏好差异和信息不对称时，如何权衡出最优的雇佣契约，以及这些契约会对企业业绩产生何种影响。经济学视角下对于预算的研究最主要关注的是"预算的经济价值"，委托代理理论被学者广泛运用于相关研究。

而预算松弛产生的直接原因，从委托代理理论出发进行分析，就是预算编制各责任主体间对于预算信息存在不对称的情况。下属出于利己的目的而传递经过调整后的预算信息，使预算计划向着容易被实现的方向发展，减少了预算目标的实现压力。Dunk（1993）研究了预算参与、信息不对称和预算强调三个因素对预算松弛现象的影响，结果发现，当预算参与、预算强调与信息不对称程度较高时，预算松弛程度较高。另外，上下级谈判这一行为也可减少预算制定中的信息不对称程度，相比于单方面由上级制定的预算，由上下级谈判并且上级具有最终决定权的预算中产生的预算松弛程度更低（Fisher et al.，2000）。

实证研究显示，高程度的信息不对称导致了预算松弛的增加（Sprinkle and Williamson，2007），然而有学者对这种直接影响关系提出了质疑，其观点为当上级可正确估计下属的潜力时，信息不对称通过产生低程度的社会压力间接影响了预算松弛的程度（Young，1985；Chow et al.，1988）。Stevens（2002）则将这种间接影响的关系解释为高程度的信息不对称导致了下属对于个人声誉的低关注度，从而导致了高程度预算松弛的产生，这与前面所提到的社会压力是相似的概念。虽然一些对松弛的制造存在影响的个人动机因素并未被完全发现，但信息不对称可作为一个统一的前端变量对预算松弛产生影响。

当预算编制的上下级之间存在信息不对称时，Chow 等（1991）发现，采用真实导向性薪酬策略的企业，其预算松弛程度比采用其他薪酬策略的企业要低。并且，下级过去表现信息的可获得与采用有棘轮效应的预算，在降低企业预算松弛程度上的效果是相当的。真实导向性（truth-inducing）激励计划与传统的松弛导向性（slack-inducing）激励计划不同，前者是在信息不对称条件下以预算为基础的薪酬激励计划的一种（Weitzman，1976）。Young（1985）通过实验研究所得出的结论为当上下级存在信息不对称且预算环境不确定时，若企业在使用真实导向性激励计划，下级会建立预算松弛来缓解不能完成预算目标的风险。

通过对文献的回顾可以发现，在经济学的视角下，预算松弛被界定为一种信息不对称引起的企业高管的"逆向选择"问题。而对于企业的经济利益来说，预算松弛是一种有害的现象，它妨碍了预算控制功能的有效发挥，进而损害了企业的整体利益。

（二）心理学的视角

相对于经济学视角下的预算研究，基于心理学视角的预算研究主要关注的是个体的精神状态和心理动机会对预算变量产生何种影响，此时个体对预算实务的反应被放大，个体的偏好和信念不再被统一假设。被研究的预算实务所存在的组织，其背景特征在分析时仅作简要的概述。

从心理学的视角出发，关于预算松弛影响因素的研究主要关注的还是预算编制过程中的个体，而预算松弛的建立者必定是可以参与预算编制且具有动机去制造"噪音"影响预算计划的人，此时一般从预算中上下级的个体状态入手。参与式预算中，上级的权威性被证明是影响预算有效性的一个调节因素，而同类的权威二元关系与下级的收益是显著正相关的（Chenhall，1986）。Onsi（1973）利用问卷调查的方式分析了预算松弛与管理者行为变量之间的关系，其研究发现，预算松弛与经理对权威性高管预算控制系统的态度存在一定的联系，当预算目标完成情况被作为经理的业绩评价标准时，预算松弛因这种压力而产生。高层经理所拥有的关于预算的信息足以使其甄别松弛的存在，但这并没有妨碍松弛在部门级别被使用。由此可见，经理在了解公司将预算目标完成情况作为个人的业绩评价标准时，他们由于想要取得良好表现而建立了预算松弛，以此来缓解自己完成目标的压力。Collins（1978）研究了预算控制、个人特征与个人对预算态度的关系，结果表明，年龄、任期、组织内成员地位都与预算回应能力无关。个人声誉是一个被关注的热点，Douglas（2002）研究了个人声誉和道德两个潜在因素对预算松弛的影响，发现声誉是一种社会性的中介控制变量，而道德则是一种内部的中介控制变量。Webb（2002）的研究发现，良好的声誉或者存在差异性调查政策时，经理会建立较低程度的预算松弛。经理的责任感对其建立预算松弛的倾向性也是有影响的，Nouri（1994）发现，责任感越高的经理工作参与度越高，其建立预算松弛的倾向性越低；责任感越低的经理工作参与度越低，其建立预算松弛的倾向性越高。预算目标的特征对各层经理人建立预算松弛的倾向性也是有影响的（Yuen，2004）。

心理学视角下对于预算松弛影响因素的研究，首先关注到预算编制中的个体对其所处环境的反应是复杂的。基于心理学视角的研究调查了预算与个体心理状态和行为选择之间的关系，包括预算变量对个体心理状态和行为的影响，以及个体的心理状态和行为对预算变量的影响。此类有关预算松弛的研究文献调查了个人态度、压力、满意度、承诺等精神状态对其建立预算松弛倾向性的影响。预算编制中的责任主体受到来自各方的压力，最主要的就是为了获得满意的薪酬需要完成预算目标的压力，责任主体为了缓解这种心理压力会采取建立预算松弛以降低预算目标难度的行为，预算松弛由此产生。此时与委托代理理论的分析结果类似，预算松弛会阻碍公司预算计划的有效实施且会损害公司利益。但与委托代理理论的假设和研究重点不同，心理学视角下的预算松弛研究认为预算编制主体的心理状态有所区别，这会导致其建立预算松弛的倾向性不同。

（三）社会学的视角

社会学视角下的预算研究主要关注预算在企业内部所发挥的作用，以及预算对于企业业绩的作用等。权变理论认为，企业会倾向于采用预算实务以尽可能提高企业业绩，而预算实务也会随着企业规模、企业内外部环境、科学技术的变化而发生变化。

从经济学的观点出发，基于委托代理理论对预算实践进行分析时，预算松弛被界定为一种不利于预算管理有效实施的现象。在心理学视角下，预算松弛也被认定为是会影响企业预算控制功能发挥的一种现象。而社会学视角下的权变理论则给出了另外一种解释，即预算松弛可以使企业的长期战略目标更容易被实现，这对于企业的长期经营业绩是有利的。理论研究中关于预算松弛的作用好坏的结论一直存在争议，虽然上文多数基于委托代理理论的研究表示预算松弛的作用是负面的，但也有证据显示预算松弛可以帮助经理更好地实现企业的预算任务，即预算松弛的作用也可能是正面的（Davila and Wouters，2005）。在预算管理研究中考虑战略的问题后，从企业的实际预算编制过程来看，预算目标是由企业的战略所决定的，预算与战略目标相契合时才能使预算管理发挥最大作用（Simons，1987）。Van der Stede（2000）研究了预算管理的两种功能性失调现象——预算松弛和目标短视性之间是否存在溢出效应，作者通过对153个调查对象进行问卷调查并分析调查结果，最终证明了两种预算功能的失调现象确实存在溢出效应，结果还显示采取竞争性战略的企业更容易建立预算松弛。企业的战略往往与企业创新计划相关，在企业想要实现长期的创新性计划时，其面对的经营环境变化的不确定性较大，而预算松弛可以为未来经营环境的不确定性提供一个缓冲，为企业经理创造一个更安全的经营环境去实现创新性计划，使企业的长期战略目标得以实现（Nohria and Gulati，1996）。结合权变理论进行的研究看来，预算松弛发挥的作用是正面的，它不再被视为一种预算管理功能失调的现象，而是帮助企业提高经营业绩的一种手段。

在市场经营环境激烈变化的过程中，从社会学观点出发、基于权变理论的分析认为，预算管理不应仅仅考虑企业内资源的分配、计划，还应当注意调整预算计划，使其随着组织内外部环境的变化而变化，以适应市场激烈的竞争环境。回顾现有关于预算松弛问题中权变因素变化的研究，其中就包括环境不确定性、企业战略导向、组织技术的变化等。基于权变理论对预算松弛的研究不再把预算松弛看作预算管理功能的失调现象，而是将预算松弛视为一种企业实现战略计划的手段，此时预算松弛被赋予了一定功能性。

四、高管背景特征与预算松弛

研究已证明，高管的个人特征具有信息含量，可以反映为高管个人特征与公司股价存在一定关系（黄继承和盛明泉，2013）。关于高管背景特征这一论题研究得较多的是高管背景特征对公司绩效的影响，此类研究是对 Hambrick 和 Mason（1984）提出的"高层梯队理论"进行的深化和拓展。该理论认为，由于管理者在性别、年龄、工作经历、信仰等方面存在差异，这些个人特征的差异会影响管理者的价值观和风险偏好等，因此不同管理者的行为和决策会出现较大差异。

众多学者从高管的学历、任期、年龄等方面出发，研究了高管的各个特征与公司绩效及投资效率的关系（姜付秀等，2009；李焰等，2011；卢馨等，2017），也有关注高管特征与公司信息环境、成长性、社会责任等的关系研究。王士红（2016）依据"高层阶梯理论"对强制披露社会责任的企业进行实证分析发现，高管团队的女性比例与企业社会责任的披露行为正相关，团队成员的平均任职年限与企业社会责任的披露行为显著负相关。有学者研究了高管背景特征与企业内部控制质量的关系。例如，池国华等（2014）关注高管背景特征对企业内部控制质量的影响，其研究发现，高管的某些背景特征与内部控制质量之间存在一定相关性，且不同高层人员的背景特征与企业内控质量的相关性存在差异，其中董事长对企业内部控制质量的影响程度明显高于其他高层人员。李端生和周虹（2017）以2012~2014年我国沪、深两市的A股主板上市公司为样本，研究了高管团队的背景特征与公司内部控制质量的关系，发现高管团队成员的平均学历与公司的内控质量呈正相关关系，而高管团队成员的平均年龄和平均任期均与公司的内控质量呈负相关关系。进一步研究发现，董事长及高管团队的性别和任期垂直对特征差异与公司内控质量正相关，而学历垂直对特征差异与内控质量负相关。高管背景特征与公司发生财务舞弊行为也存在一定关联，研究表明，高管团队的平均年龄越小、平均学历越低、高管任期越短的公司越容易发生财务舞弊行为（卢馨等，2015）。何威风和刘启亮（2010）发现，高管团队规模、高管性别均与公司的财务重述行为正相关，而高管的年龄越大公司发生财务重述行为的可能性越小。其进一步研究还发现，董事长与高管团队间的年龄、性别垂直对特征差异越大，公司越容易发生财务重述行为。除高管背景特征外，高管是否具有海外经历这一特征也在文献中被研究，宋建波等（2017）发现，具有海外经历的高管能够提升企业承担风险的能力，并且高管团队内具有海外经历的人数比例与企业承担风险的能力正相关。

另外，高管背景特征与公司的成长性也被学者关注。蒋尧明和章丽萍（2012）将"高层阶梯理论"中的高管有限理性和自由裁量权与企业的成长可持续性结合起来，以2006~2010年中国的中小上市公司为考察对象，通过实证研究得出结论：企业高层管理人员的年龄与企业可持续增长呈倒"U"形的关系，高管的教育水平与企业可持续增长显著正相关。姜付秀等（2012）实证检验了中国上市公司中哪些类型的公司偏向于聘任具有财务经历背景的CEO，其研究发现，以发展为目标的非ST公司相比以生存为目标的ST公司更倾向于任命具有财务经历的高管为公司的CEO，这也显示出公司较强的"促发展"意图。

本书的研究重点为预算编制中责任主体的背景特征对其预算编制相关行为是否产生影响，主要关注高管背景特征和一些个人特质与预算松弛的建立是否存在关联。高管背景特征的差异是通过影响其在公司内的决策和相关行为等对公司的绩效产生间接影响的，因此高管背景特征的差异与公司战略和预算编制等相关行为决策的关系值得探究。根据社会认知理论可知，在企业的实际活动中，经理人的表现通常背离一般的经济学"理性人"的假设，他们并没有完全追求利益最大化的目标，而是在预算编制中选择诚信或部分诚信地进行报告

（Brown et al.，2009）。分析实际情况中经理的预算相关行为可发现，经理的人格特质显然对其在预算编制中的行为有所影响，他们并不是完全遵循"理性人"的完美假设，其建立预算松弛的行为也可能受到个人声誉、程序公平性的影响。刘俊勇等（2019）运用实验研究的方法探究了人格特质以及激励契约方案对预算松弛的影响，发现高随和性的下属相比低随和性的下属制造的预算松弛程度更低，高尽责性的下属相比低尽责性的下属制造的预算松弛程度更低。实际上国外学术界对人格特质与预算松弛关系的研究已不在少数，多采用实验、调查、档案分析等方法对参与式预算中下级经理的道德、声誉、正义感、社会压力等特质与预算松弛的关系展开研究。个人的道德、声誉、正义感和所承受的社会压力等特征难以量化，并且度量标准可能存在争议，研究时较难统一。学者们多采用问卷的形式让被采访者根据个人感受对相应项目进行打分，以此作为这些变量的度量基础。"高层阶梯理论"则认为，管理人员的性别、年龄、任期和工作经历等可作为其价值取向、风险偏好等心理特质的替代变量，且这些变量具有可度量、易量化的特点。

因此，在预算编制的背景下，本书关注高管的性别、年龄、学历、任期、工作经历以及社会属性特征对其建立预算松弛的行为是否存在影响，以文中所选取的高管个人背景特征变量来替代过往研究中的高管对个人声誉的关注、程序正义感等难以量化的个人心理因素，试图为相关研究提供一些有效的实证研究证据，也为未来研究提供一些新的研究思路和研究方法。

五、研究现状评析

预算管理研究的理论视角基本可归结为经济学、心理学、社会学这三大方面，学者们从不同视角出发，利用相关理论对预算问题进行研究，而这些问题往往都出现在企业的预算管理实务中。国外现有研究成果多集中于对预算参与、预算重视、预算执行与预算控制几类问题的研究，预算松弛则属于预算执行中出现的影响预算有效性的问题。

从经济学视角出发的预算研究以委托代理理论作为分析基础，由于预算编制中上、下级之间存在信息不对称，而企业的业绩评价和员工的薪酬激励都与预算目标的完成情况密切相关，下属经理就可能会通过传递利己信息、隐匿不利己信息来建立预算松弛，让最终制定的预算目标较容易完成，使得自己的报酬更容易达到较高水平（Fisher et al.，2002）。从社会学视角出发的预算研究以权变理论和制度理论作为分析基础，预算管理的实施效果会受到企业内、外部环境的共同影响，在进行预算管理时应注意结合企业的战略目标调整预算计划，使其发挥最大作用（Simons，1987）。另外，预算编制中的权威性、独立性会影响到下级对预算编制的态度和满意程度（Searfoss and Monczka，1973），下级的意志和选择对预算的编制和执行结果也会产生影响。从心理学视角出发的预算研究以预算中的个体有限理性作为分析基础，关注预算变量对个体的行为和思想会产生何种影响。在参与式预算下，员工的行为会受到影响（Brownell，1981，1982；Nouri and Parker，1998；Chenhall and Brownell，1988）。Douglas（2002）研究发现，机会主义自利声誉与道德也是重要的控制变量，它们会影响预算松弛的建立。

由于预算管理中实证研究数据较难获得，学者一般采用问卷调查、实地研究、案例研究的方法对预算有关问题进行研究（Merchant and Manzoni，1989；程新生等，2008），也有较少文献采用了实证的方法对此展开研究，Hartmann和 Moers（2003）对预算研究中基于权变理论的假设进行了统计回归检验。Davila 和 Wouters（2005）的研究为预算松弛现象的积极面提供了经验证据，其实证结果也肯定了成本核算模式在预算编制系统中的作用，即便于管理工作的开展。

以 Hambrick 和 Mason（1984）提出的"高层梯队理论"（Upper Echelons Theory）作为理论分析基础，针对高管背景特征与公司绩效、投资效率、内控质量等的相关性展开的研究不在少数。此类研究的内在逻辑为企业高管的行为决策受到其生理、人口等背景特征的影响，而高管的行为决策必定会影响到公司的一些特征。因此，高管的背景特征与公司某些特征的关联性是值得研究的，此类研究多关注高管背景特征与公司绩效、投资效率、内部控制质量、财务舞弊行为、社会责任等方面的影响。本书借鉴此类研究的核心思想，研究公司高管背景特征与其在预算编制中建立预算松弛的行为是否存在关联。以高管的生理、人口背景特征替代其心理结构特征来描述其各自的风险偏好和责任感等，结合关于预算松弛的已有文献所发现的管理者风险偏好、正义感等个人心理特征会影响其建立预算松弛程度的结论，建立起本书的逻辑分析桥梁，合理解释本书的研究假说及结论。

第三章

研究的制度背景与理论基础

任何一个企业都要受到一定制度的约束。企业制度是经济组织（公司）的经营行为和经济活动应当遵循的法律法规、社会道德规范以及经济惯例等。企业制度可分为正式制度与非正式制度，前者为政府发布的法律法规如公司法、证券法、税收制度等，后者为行业协会章程、企业文化、企业内部员工的行为规范等。这些制度根据其来源可分为公司内部制度与公司外部制度，前者为公司章程、职工薪酬制度等，后者为合同法、增值税条例等。这些内部与外部制度都直接或间接地对公司管理层、各部门管理者和基层员工工作行为进行了管理控制及监督，也必然会对管理层在预算编制、执行和考核方面发挥管理约束功能。

公司内部制度一般包括内控制度、预算管理体系、会计与财务的核算制度、薪酬制度和生产管理规程等，作为预算松弛主体之一的管理层，也必然会受到这些制度的约束。公司的预算交流制度存在不完备性甚至缺陷，在预算编制、实施和绩效评价中，公司管理层会采用预算松弛手段来谋取自己的经济利益或达到职位升迁等目的。

一、预算管理系统与预算松弛

预算管理是企业重要的管控手段，现代企业十分重视预算管理系统的建立和实施。在激烈的市场竞争环境下，一个企业欲在市场中拥有核心竞争力并持续经营获利，就必须进行战略规划。企业欲将其战略发展规划变得具有可操作性，就必须在每年初编制未来1年的全面预算计划、1~3年中期经营计划、5

年发展规划①，否则企业的未来经营活动将陷入被动甚至混乱的境地，因此预算计划的编制和执行日益受到企业管理当局的高度重视。但企业预算的编制和执行是一个十分复杂的利益博弈与权衡过程，下面将对企业预算系统、预算编制过程和预算计划执行的责任主体作简要的概述。

（一）预算管理系统的演进

1. 英国政府预算产生

据文献记载，"预算"最早发轫于英国的《大宪章》。在13世纪，由于英国国王全权掌握了国家征税和政府支出的大权，封建贵族对国王极度不满。1199年，英王约翰的肆意横征暴敛激化了社会矛盾，英国贵族和各郡诸侯联合教士、骑士，发动广大市民集体反对英王约翰，迫使英王于1215年签署《大宪章》。《大宪章》用法律规定，未经封建主等代表组成的大会议同意，国王不得向封建主征收额外税捐。即使在正常税收征收活动中，国王也必须向社会公布政府财政开支计划（预算）。1265年，封建贵族革新派领袖蒙福尔担任摄政王职位，他动用手中的权力以议会取代了大会议，并由议会对政府财政收支进行监督。13世纪后期，这种预算制度被法国等国家应用于政府的财政费用计划与控制活动中，并由此逐渐形成了传统的费用预算制度。因此，预算既是政府社会资源配置的制度安排，又是用于协调社会利益关系的重要手段（于增彪，2007）。

2. 美国公司预算的形成

19世纪末期，世界经济重心逐渐由欧洲转向美国，伴随着公司兼并热潮在美国兴起，一大批集团公司产生，这为公司预算的广泛运用提供了契机。面对公司规模急剧扩大，为实现公司整体目标应该怎样运作或整合（Integration），采用原有的生产计划安排方式很难实现公司整体的资源配置，这是美国公司当时必须解决的关系公司前途命运的难题，因此公司预算管理应运而生。最典型的案例是通用汽车公司和杜邦化学公司首度将政府预算模式方法引进公司管理，将公司发展战略采用预算方式加以具象化，使公司发展战略成了可操作的计划。至20世纪后，公司预算管理系统很快成为美国和欧洲国家公

---

① 我国政府宏观经济发展战略一般采用5年发展规划，尽管现在我国已建立起初步的市场经济体系，政府不再直接干预企业的生产经营活动，但企业的微观经济活动仍然受到国家宏观调控的影响，如2008年政府四万亿元投资计划，对我国绝大部分企业都产生了直接或间接的影响。因而在企业的实际管理活动中，很多企业都要编制短期（1年）、中期（3年）和长期（5年）的预算管理计划。

司广泛效仿的对象和实务操作的蓝本。

3. 中国企业预算管理的发展

虽然现代企业预算管理是起源于西方国家，但中国企业经过多年发展，也产生了具有中国经济特征的预算管理制度并积累了一定实践经验，我国企业的预算管理发展可大致划分为以下四个阶段：

（1）"综合财务规划"的预算管理阶段（1953~1978年）。在计划经济时期，国有企业在国民经济中占绝对重要的地位，其生产资源由国家统一计划安排，即劳动人事部门采用"企业招聘""高校包分配""城镇保就业"等制度代替人力资源市场的供给与需求。国家计划部门通过生产指令计划额控制企业生产，实行集权式计划经济体系。商业物资部门采用"物质统一调配""产品统购包销"等制度取代商品交换市场。财政部门和国家银行通过"财务统收统支"与"资金分口管理"取代社会资金市场（贡华章等，2008）。国有企业实质上是一个生产型的政府部门，在企业内部预算管理活动中实行计划科编制生产计划，财务科编制财务计划，材料、机械、劳动工资和技术组织等由企业各科室编制相应的计划，最后由计划科进行综合平衡的制度（吴敬琏，1993）。企业生产成果不与企业奖惩挂钩，企业预算其实就是综合财务计划。这种企业预算管理模式理论上看似很完美，但生产效率低，操作上很僵化，存在诸多问题与漏洞。

（2）以责任成本为重心的预算管理阶段（1978~1994年）。党的十一届三中全会后，中国全面实行对内改革对外开放的基本国策，宏观经济方面由计划经济向市场经济转变，微观经济方面允许非国有经济存在和发展，国家对国有企业下放了人、财、物的自主权，开放商品市场，鼓励不同所有制企业之间公平竞争。同时，国家取消了对国有企业"财务统收统支"的制度，明确了政府与国有企业之间的利益界限，使国有企业转变为自主经营、自负盈亏的经济主体。当时国有企业客观上存在着整体生产效率低、成本水平高的两大难题（贡华章等，2008）。20世纪80年代，西方管理会计教材已逐渐被引进中国（余绪缨，1983），这样，管理会计理论也不断渗入企业成本核算和管控活动中。加之自20世纪50年代起，我国国有企业创造了"岗位责任制""班组核算"等财务核算方法，特别是80年代国有企业广泛推行"经济责任制"的成本控制，实行上交国家承包费后利润留成。当时很多国有企业的责任成本预算管理实践取得了很好的成绩，如山西甘亭机械厂（王吉顺和张雪珍，1988）、河北涿鹿化肥厂（佟加安等，1991；于增彪和倪汝炜，1997）、邯郸钢铁总厂

（刘淇和陈清泰，1997）是当时实行责任成本预算管理的典型代表企业。因此，实行责任成本预算管理模式对于当时国企改革发挥了突出作用。

（3）全面预算管理制度阶段（1994~2014年）。1991年我国沪深股市开业，特别是1994年《中华人民共和国证券法》（以下简称《证券法》）的发布极大地推动了我国资本市场的发展，为上市公司实施预算管理制度创造了条件。随着我国资本市场的快速发展，企业重组、兼并不断发生；中央或省区市专业工业部门及所属企业职能转换、重组或拆分，或组建大型企业集团。这些都迫切需要将公司内部预算管理与战略相融合，采取全面预算管理成为当时最为流行的管控模式。同时，国外先进的管理理念如索罗门斯和卡普兰的预算管理理论被引进，很多大型企业集团领导出国实地考察，或直接聘请著名咨询公司吸收国外先进预算管理经验，这些都为很多公司实行全面预算管理创造了条件。

（4）现代预算管理阶段（2014年至今）。近年来，财政部大力助推管理会计的发展，为现代预算管理实施奠定了基础。2014年10月27日，财政部印发《关于全面推进管理会计体系建设的指导意见》；2016年6月财政部发布了《管理会计基本指引》，2017年10月又相继印发了包括《管理会计应用指引第200号——预算管理》《管理会计应用指引第201号——滚动预算》等22项《管理会计应用指引》。在人才培养方面，2014~2020年财政部致力于在全国培养精于理财、善于决策和管理的管理会计人才，同时截至2019年底已聘请近百名国家级管理会计咨询专家，这些都为企业实施预算管理创造了有利条件。另外，由于市场竞争日益激烈，管理复杂化和精细化要求越来越高，这些内外环境因素促使企业战略与预算管理进一步融合。元年管理会计研究院调查显示（2018），我国企业最近五年预算管理获得长足进步，如金融企业80%预算管理达到四级水平（五级最高）。目前，伴随着信息技术飞速发展，财务智能时代日益临近，商业智能将成为企业预算管理的信息平台，未来以大数据、云计算、人工智能相融合的现代企业预算管理模式必将成为现实。

（二）预算管理系统的主体

公司预算管理系统构成的基本要素由预算主体、公司员工、财产或资本、技术设备等构成，以此将公司人、财、物、技术这几个关键要素用计划和制度有机结合起来，以实现公司的生产经营目标。在预算管理系统中最为关键的是预算编制、执行和监督主体，它直接关系到预算计划是否适当及切实可行。

从预算实务角度来看，每一个预算单位都可以作为预算主体。从现实公司预算实务进行考察，公司预算是分层级的，它可分为预算决策主体、预算执行主体和预算监督主体，以下将对各个预算主体进行分述。

1. 预算决策主体

现代公司的一般内部组织架构由股东大会或股东会、董事会、公司经理层以及基层生产部门和班组构成。公司预算单位按其责任中心又可分为成本中心、利润中心和投资中心三类。不管何种分类，在预算体系中最为核心的要素是预算主体，特别是高层预算主体。

预算决策主体属于公司董事会这一层级。按照《公司法》规定："股东大会是公司的最高权力机构，其主要职权包括以下内容：①决定公司的经营方针和投资计划；②选举和更换由职工代表担任的董事、监事，决定董事、监事的报酬事项；③审议批准董事会、监事会或监事的报告；④审议批准公司的年度财务预算方案、决算方案；⑤审议批准公司的利润分配方案和弥补亏损方案；⑥对公司增加或减少注册资本做出决议；⑦对发行公司债券做出决议；⑧对公司合并、分立、解散、清算或者变更公司形式做出决议；⑨修改公司章程；⑩公司章程规定的其他职权。"从《公司法》规定的股东大会职权可以看出，股东大会对于公司生产经营活动有着最直接的影响作用，这些职权在很多方面对公司预算体系的编制、执行和监督都有着最直接的决定与制约功能。

尽管股东大会对公司预算体系有着至关重要的影响，但对公司预算体系发挥最直接影响的应当是公司董事会。董事会是由股东大会直接选举产生，代表全体股东的权益，对公司行使经营决策权的常设机构。董事会设置董事长一人，可以设置副董事长。《公司法》规定："董事会对股东大会负责，而董事会可以行使的职权包括以下内容：①召集股东大会会议，并向股东大会报告工作；②执行股东大会的决议；③决定公司的经营计划和投资方案；④制订公司年度财务预算方案、决算方案；⑤制订公司的利润分配方案和弥补亏损方案，以及公司增加或减少注册资本和发行公司债券的方案；⑥制订公司合并、分立、解散或者变更公司形式的方案；⑦决定公司内部管理机构的设置，决定聘任和解聘公司经理及其报酬事项，并根据经理的提名聘任或者解聘公司副经理、财务负责人及报酬事项；⑧制定公司基本管理制度；⑨公司章程规定的其他职权。"公司董事会的职权范围几乎覆盖了公司经营管理的各个层面，特别是董事会直接制定公司年度财务预算和决算方案，所以，公司董事会是直接影响和制约公司预算最重要的责任层级。

2. 预算执行主体

公司预算执行主体是指受到董事会的聘任和委托，直接负责公司经营管理的高层管理人员。实际执行公司预算的高级管理成员主要包括公司总经理（亦称总裁）、副总经理、财务负责人（总会计师或财务总监）、董事会秘书等。在公司预算高级执行主体团队中，总经理由董事会直接聘任或解聘，他（她）直接对董事会负责，是公司预算执行的核心主体。《公司法》规定："总经理可行使的职权主要包括：①主持公司的生产经营管理工作，组织实施董事会决议；②组织实施公司年度经营计划和投资方案；③拟定公司内部管理机构设置方案与公司的基本管理制度；④提请聘任或解聘公司副经理、财务负责人；⑤决定聘任或解聘除董事会决定解聘或解聘以外的管理人员。"由此可见，在股份公司的预算管理体系中，总经理是公司预算的具体执行者。一套恰当客观的公司预算计划的最终运行效果，在很大程度上取决于公司总经理领导的高层管理团队。

值得注意的是，在现代公司制度中，出现了首席执行官（Chief Executive Officer，CEO）。在公司治理的理论与实务中，学界与实务界发现原来传统的总经理制度限制了总经理的管理才能在公司管理活动中的发挥。为了最大限度地让总经理施展其管理才能，在西方股份公司中将董事长 30%~40% 的权力转移给 CEO。因此，CEO 不是公司总经理称谓的简单改变，他具有了更大的管理权力。CEO 一般是独立设置，也可由董事长或总经理担任。我国上市公司中也越来越多地采用 CEO 制度，如未特别说明，在后文的理论分析与实证研究中，总经理与 CEO 同义，具体定义可见第一章第四节。

3. 预算监督主体

公司董事会制定公司预算并监督经理层执行预算的尽责状况，而预算计划的实施效果如何，需要监事会对董事会和经理层进行监督。《公司法》规定："公司监事会由监事组成，是对公司董事及经理的经营行为和公司进行监督的常设机构。监事会对公司财务行使的职权主要包括：①检查公司财务；②对董事、高级管理人员执行公司职务的行为进行监督，对违反法律、行政法规、公司章程和股东会决议的董事、高级管理人员提出罢免建议；③对董事、高级管理人员的行为损害公司利益时，要求董事、高级管理人员予以纠正。"由此可以看出，监事会代表全体股东对公司经营管理进行监督，而公司管理层在日常经营管理活动中其实就是在实施公司的预算计划，因此监事会本质上是在代替全体股东对管理层执行预算过程进行监督，也对其执行结果进行评价。在公司预算实务中，一般都要成立预算管理委员会，负责对公司预算编制工作进行指导、咨询和协调，也对公司预算执行结果进行检查评价。因此，公司监事会和公司预算管理委员会就构成了公司预算监管层，保证公司预算能够切实执行，对其过程和结果进行有效监督，确保预算管理质量。

（三）预算松弛的形成

1. 预算体系与预算编制方法

（1）预算体系。企业预算用系统方法（一般为表格）来描述企业活动。每个企业的生产经营总目标包括营业收入总额、利润总额、市场份额等，利润总额往往是企业最常用的总目标。实现企业的总目标是企业高层、中层和基层单位共同努力的结果，其中企业中层是实现预算总目标最关键的单位，在预算编制中通常确定为利润中心。中层的构成是企业的分公司、子公司或战略性业务单位（Strategy Business Unite，SBU），因为中层是连接公司高层和基层单位的枢纽，是公司战略执行是否成功的最关键部门。资本预算涵盖的时间长、金额大，对企业未来很长一段时间都会产生重要的影响，它通常以可行性研究报告的方式单独编制。企业预算体系构成如图3-1所示（于增彪，2007），利润预算是企业预算体系中最重要和常规化的预算，理论上有三种预算编制模式：按项目（功能）编制、按产品编制、按组织单位编制。由于企业往往会生产

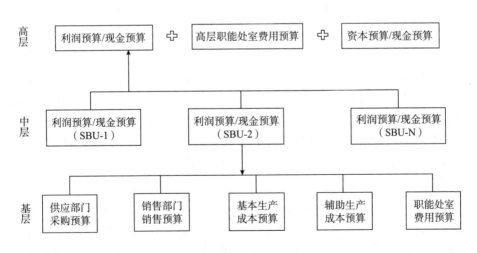

图3-1 企业预算体系构成

多种产品或提供多种服务，按产品编制预算的工作量大，故实务中很少按产品编制预算。按照组织单位编制预算具有较强的系统性，且能够简化编制产品预算的工作量，在实务中通常采用这类模式编制预算体系。在利润预算和资本预算的编制过程中都涉及现金收入和现金支出，这是由于预算是将企业生产经营活动货币量化所致，也是将这些现金流入、流出量和现金净流量单独编制的缘由。

（2）预算编制方法。在企业的战略确定后，必须采用一定的方法将企业预算刻画和表现出来。根据企业预算管理的需要，一般可采用固定预算、弹性预算、滚动预算和零基预算等方法（杨雄胜，2004），现简述如下：

1）固定预算（Fixed budget）。固定预算也称静态预算（Static budget），它是依据企业在预算期间内的正常生产经营状态，按照某一可以实现的业务量水平而编制的预算计划。固定预算的特点包括：其一，这种预算不考虑预算期内业务发生变化的可能性，只按照固定业务量编制各个预算项目；其二，在进行绩效评价时，只需要将实际生产经营结果与预算数据进行比较就可得到评价结论。其优点是它的可参考性很强，便于企业生产经营管理；缺点是如果企业实际业务量与预算数存在很大差异，必须加以调整，否则很难适用于企业生产管理需要。

2）弹性预算（Flexible budget）。它根据企业未来业务量变动的范围，分别设定一定范围和目标而编制新的预算。弹性预算的特点包括：其一，它是依据企业未来发展状况，预测某一相关业务量范围内多种业务量水平的预算额，利用数学模型也能按照企业实际业务量调整预算额；其二，在期末，可以将预算实际执行结果与实际业务量的预算指标进行对比，能够很方便地进行预算绩效评价。其优点是克服了固定预算的缺点，编制的预算指标将来能够很好地适应企业实际生产经营情况的变化，使预算执行和考核建立在更加客观可比的基础之上；不足是技术性要求较高，需要预算编制者对企业未来发展具有很好的判断能力，同时还要具备较强的统计预测和数学建模能力。

3）滚动预算（Rolling budget）。滚动预算也称连续预算（Continuous budget），它是以某一稳定时间长度加以编制的预算。滚动预算的特点包括：其一，它突破了常规预算的时间维度一般固定为一年的限制，而将预算涵盖的时间长度延伸至多个会计年度，这样预算就能与企业持续经营的状况保持一致；其二，它拓展了预算编制者和执行者的视野，不再关注一个预算年度，且预算的执行与考核都采用持续经营的理念。滚动预算的优点克服了传统预算的短视，将企业长期发展战略与预算相融合，使预算更贴近企业经营实景，为企业管理层树立持续经营的理念；不足是企业每个月都要编制预算，编制成本高，只有在企业执行滚动预算带来的边际贡献大于其编制成本时，企业才可能采用这种编制方法。因此，在企业预算实践中，很少有企业采用滚动预算的编制方法。

4）零基预算（Zero-based-budget）。零基预算就是以零为基数而编制的预算。它主要在企业预算期与前期经营环境、物价水平都发生很大变化的条件下采用，它不是一种独立的预算编制方法，只是一种编制预算的原理或理念。零基预算的特点包括：其一，它对企业过去实际收入、成本水平不做重点关注，可以避免将前期低效率、浪费的因素引入新预算指标中，使在预算执行中的生产经营效率更高；其二，它不仅可以在编制整体预算中不考虑过去的情况，也可以在部分预算时采用过去实际数据作为参照。任何一个企业过去经营活动具有很强的延续性，在编制全面预算时不考虑过往情况、不参照历史数据是不现实和不客观的。因此，在企业的实际预算编制中，很少采用零基预算的编制方法，只会在部分费用预算编制中运用零基预算原理。

值得注意的是，除了上述几种主要预算编制方法外，还有产品寿命周期成本预算、作业基础预算、标杆基础预算等，但这些只是企业编制预算的辅助方法。尽管在 20 世纪 90 年代欧洲曾经掀起超越预算（Beyond budgeting），试图全面否定企业全面预算管理的思想和方法，但由于其自身存在很多理论和实务方面的缺陷，故而后来就被慢慢淡化了。

2. 预算编制流程与预算松弛的产生

预算编制在公司实务中的流程由公司治理结构、经营特点和习惯等因素决定。预算编制流程一般存在自上而下、自下而上、自上而下与自下而上相结合（简称上下结合）三种方式，由于前两者的优点与缺点都十分明显，所以在公司预算编制的实践中，大多数公司采用第三种方式。因为理性经济人假设和信息不对称的客观存在，伴随着公司预算编制流程的进行，预算松弛自然也就产生了。下文将就上下结合预算编制方式中的预算松弛现象加以剖析。

从公司组织层级进行分析，预算松弛可分为内部预算松弛和外部预算松弛两种情形。前者是公司内部管理高层与下属二级单位、二级单位与三级单位以及基层单位（班组、个人）在编制预算过程中形成的预算松弛；后者是公司高层为向股东大会或外界树立良好的社会形象，自愿披露公司发展规划信息时产生的预算松弛①。下面首先解析内部预算松弛的产生过程，其次分析外部预算松弛的形成缘由。

（1）内部高层与二级单位预算松弛的产生。在公司采用自上而下的预算编制程序时权力过于集中，会影响下级单位（分公司、部门）参与预算编制的主动性，甚至使其产生抵触情绪；而采用自下而上的预算编制程序则可分散公司高层的权力，而信息不对称促进了下级单位在报送或编制预算指标时故意低报收入或收益、高估成本费用的投机行为（道德风险），即产生了预算松弛。旨在尽可能减少这两种预算编制流程的负面影响，很多公司采用上下结合的预算编制程序。为了便于分析，笔者假设公司组织架构体系仅存在四级，即股东大会、公司高管层、二级单位（分公司、部门）、三级单位（车间、班组），如图 3-2 所示。具体编制流程如下：首先，公司高层根据公司制定的发展战略，提出预算年度的公司总收入、利润总额、成本费用水平等总额目标，然后逐层分解。股东大会给公司高层提出的预算目标值集合为 $B_1 = \{b_1^1,$ $b_1^2, \cdots, b_1^m, \cdots, b_1^M\}$，相应产生的预算松弛的集合为 $S_1 = \{s_1^1, s_1^1, \cdots,$ $s_1^m, \cdots, s_1^M\}$；公司高层给二级单位下达的预算指标集合为 $B_2 = \{b_{2,1}^1,$ $b_{2,2}^2, \cdots, b_{2,i}^k, \cdots, b_{2,I}^K\}$，相应产生的预算松弛的集合为 $S_2 = \{s_{2,1}^1, s_{2,2}^2, \cdots,$ $s_{2,i}^k, \cdots, s_{2,I}^K\}$；二级单位给三级单位下达的预算指标集合为 $B_3 = \{b_{3,1}^1,$ $b_{3,2}^2, \cdots, b_{3,j}^h, \cdots, b_{3,J}^H\}$，相应产生的预算松弛的集合为 $S_3 = \{s_{3,1}^1, s_{3,2}^2, \cdots,$ $s_{3,j}^h, \cdots, s_{3,J}^H\}$。下面笔者按照设定的各个层级根据上下结合预算编制程序解析预算松弛产生过程。

其次，公司预算编制实行"一下"程序。公司高层根据公司发展战略并在考虑股东大会对公司预期目标的基础上，给下面第 i 个（i=1, 2, …, I）二级

---

① 中国证监会于 2002 年发布的《上市公司治理准则》，其中第八十八条叙述为"上市公司除按强制性规定披露信息外，应主动、及时地披露所有可能对股东和其他利益相关者产生实质性影响的信息，并保证所有股东有平等的机会获得信息"。中国证监会又于 2018 年将该准则中的第九十一条修订为"鼓励上市公司除按强制性规定披露信息外，自愿披露可能对股东和其他利益相关者产生实质性影响的信息。自愿性信息披露应当遵守公平原则，保持信息披露持续性和一致性，不得进行选择性披露，不得利用自愿性从事市场操纵、内幕交易或者其他违法违规行为，不得违反公序良俗、损害社会公共利益。自愿披露具有一定预测性质信息的，应当明确预测的依据，并提示可能出现的不确定性和风险"。本书之所以详细引证《上市公司治理准则》的原因有二：其一，上市公司对外（股东会与社会公众）披露公司预算信息是属于自愿性披露，而非强制性披露；其二，从《上市公司治理准则》可以看出，在 2018 年前上市公司自愿披露包括公司预算信息的政策规范较为宽松，致使不少公司不愿主动披露，这给本书的实证研究数据获取带来很大困难，同时也显示了证监会对公司的自愿性披露逐渐严格和规范化。

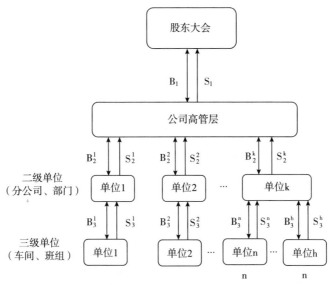

图 3-2　预算流程与预算松弛结构

单位（分公司、部门）下达预算指标 $b_{2,i}^{k}$（$i = 1$, 2, $\cdots$, I; $k = 1$, 2, $\cdots$, K），它包括绝对额财务指标如销售收入、成本费用、利润等，相对财务指标如收入增长率、成本费用降低率、利润增长率，同时可能包括相对财务指标顾客满意度、产品优质率、员工忠诚度等，二级单位在接到公司高层下达的预算指标 B_{2}^{i} 后，会在单位内部进行内部讨论分析，一般会考虑单位员工数量、技术熟练程度、技术装备、工作效率、现有生产水平以及单位所能控制和支配的资源，然后商议是否全部或部分接受公司上层下达的预算指标。单位领导和员工特别关注公司预算体系中的绩效评价与奖惩制度，这时由于二级单位领导和员工都具有理性经济人的特质，一定会利用本身掌握信息的优势，故意隐藏私有信息，往往会竭力向上级抱怨预算指标定得过高，希望重新将预算收入等指标降低，而将成本费用指标提高，这样自然就产生了初次预算松弛指标 $s_{2,i}^{k}$（$i = 1$, 2, $\cdots$, I; $k = 1$, 2, $\cdots$, K）。二级单位自然要与公司高层就预算指标 $b_{2,i}^{k}$（$i = 1$, 2, $\cdots$, I; $k = 1$, 2, $\cdots$, K）讨价还价，这就是所谓的"一上"。此时，公司高层与二级单位就完成了第一次"一下一上"预算编制程序。

　　最后，第二次"一下一上"预算编制程序开始进行，当公司高层接到下属 k 个二级单位反馈的预算指标后，他们会认真详细地分析每个二级单位提交的预算指标草案。公司高层在为了完成公司总体战略和财务目标的前提下，会全面仔细审核和权衡各个二级单位的具体情况，重新调整新的预算指标 $b_{2,i}^{k}$，再次下达预算指标给二级单位。二级单位在收到新的预算指标 $b_{2,i}^k$ 后,重新审视公司在未来期间完成预算指标的可能性与存在的困难,预测将来执行结果和可能发生的奖惩情况,再次寻找理由和借口,少报收入或利润,高估成本费用,然后上报给公司高层,这就又形成新的预算松弛 $s_{2,i}^k$。当然公司高层与二级单位往往要经过多次讨价还价博弈,最终才可能达成预算指标 $B_2 = \{b_{2,1}^1,$ $b_{2,2}^2, \cdots, b_{2,i}^k, \cdots, b_{2,I}^K\}$。当预算最终执行实施后,同时也自然形成了预算松弛结果 $S_2 = \{s_{2,1}^1, s_{2,2}^2, \cdots, s_{2,i}^k, \cdots, s_{2,I}^K\}$。

(2) 二级单位与基层单位预算松弛的产生。基层单位是预算编制的最低层部门,也是产生预算松弛的底层根源。当企业高层对各二级单位下达了预算指标 $b_{2,i}^k$ ($i = 1, 2, \cdots, I;\ k = 1, 2, \cdots, K$) 后,二级单位在编制本级预算的同时还要对所属基层单位分解下达预算指标 $b_{3,j}^h$ ($j = 1, 2, \cdots, J;\ h = 1,$ $2, \cdots, H$),在汇总下属基层单位的预算指标后才能向企业高层上报预算指标数据。基层单位如同二级单位一样,会全面分析考虑本单位的人员数量、员工的技术实力和生产能力以及单位可使用或支配的机器设备,然后编制本单位的初次预算指标。同样地,由于理性经济人的特征和信息优势,基层单位在编制预算时必然也会有所保留,会低估收入和利润,高估成本费用和损失,以便将来执行预算时完成任务不至于太困难,还能因实际完成任务超过预算指标 $b_{3,j}^h$ 而得到奖励。二级单位在接收到基层单位的预算指标后,还要重新审定再次下达新的预算指标,最终双方讨价还价博弈达成预算指标体系 $B_3 = \{b_{3,1}^1,$ $b_{3,2}^2, \cdots, b_{3,j}^h, \cdots, b_{3,J}^H\}$,基层单位的预算松弛 $S_3 = \{s_{3,1}^1, s_{3,2}^2, \cdots,$ $s_{3,j}^h, \cdots, s_{3,J}^H\}$ 也相应产生。

(3) 外部预算松弛的产生。公司外部预算松弛的成因比其内部预算松弛的成因更复杂。作为股东大会的构成部分,股东和投资公司的行为动机是多种多样的,但其最基本的目的都是期望公司的价值增加以获得较高的投资回报,这表现为股价的上升。因此,每个股东都希望公司高层能恪尽职守,为公司带来更多收益。一方面他们希望公司能为股东分配稳定可观的股利,另一方面公司能持续发展和股价上涨。理论研究与资本市场显示,一个优质的公司在长期中更能为股东带来高额回报,如每年都有很可观的现金股利且股价稳定上涨[①]。一

---

① 如贵州茅台(600519)2016 年、2017 年、2018 年的年末收盘价分别为 334. 15 元、697. 49 元、590. 01 元,每股盈余公积分别为 5. 68 元、6. 54 元、10. 70 元,每股派发现金股利(含税)分别为 6. 17 元、6. 79 元、11. 00 元。

般情况下，大股东每年会要求公司高层提出较高的预算指标 $B_1 = \{b_1^1,$ $b_1^2, \cdots, b_1^m, \cdots, b_1^M\}$。公司高层面对公司股东提出的预算目标，必然存在多重压力：大部分股东，特别是控股股东都希望公司的业绩每年都能提升，即 b_1^m（$m = 1, 2, \cdots, M$）标准越来越高，面对着市场竞争日益激烈，提升企业盈利水平困难越来越大；另外，公司高层特别是包括董事长或 CEO 在内的董事会成员，既有内在的企业家职业精神要求自己努力工作，同时又要维持自身的职位、高额薪酬、职务消费、社会形象和政治声誉等，国企还面临国资委发布的《企业绩效评价标准值》①的严格考核。股东群体与公司高层存在着显著的信息不对称，公司高层作为理性经济人，既有预算信息优势也存在内在逐利动机，在向股东大会和监管部门披露公司的预算数据时在很大程度上会采取预算松弛 $S_1 = \{s_1^1, s_1^2, \cdots, s_1^m, \cdots, s_1^M\}$ 对策：压低收入和利润、高报成本费用的预算指标值，这样当第二年年报披露时，有一个"好业绩"向股东大会汇报，以完成股东大会的委托责任。这样，公司高层既能完成股东的预算期望指标任务，又能获得高额职位薪酬，还可以向社会传递勤勉尽责的良好形象信息，以保持其职位的长期稳定。因此，公司高层比公司二级单位、基层单位更有条件和动机建立预算松弛。

二、预算松弛成因研究的理论基础

预算松弛是企业预算管理中存在的一种特有现象，应从基本理论出发对其进行阐述和解释，才能为后续关于预算责任主体背景特征与预算松弛关系的具体推理和相佐证的实证研究奠定基础。与现有对预算松弛成因研究相关的理论均可归属于三大社会科学视角，常见的对预算松弛成因具有解释力的基本理论包括契约理论、委托代理理论、行为经济学理论、权变理论（此处只述及四种理论与本书所借鉴的部分理论内容）。下文介绍了各基本理论的起源和内涵，并结合各基本理论对预算松弛的形成和影响因素展开分析，以此奠定后文研究的理论基础。

---

① 国资委于 2018 年最新发布的《企业绩效评价标准值》共分为五大类指标：（一）盈利能力状况（6 个指标）；（二）资产质量状况（5 个指标）；（三）债务风险状况（6 个指标）；（四）经营增长状况（5 个指标）；（五）补充资料（6 个指标）。

(一) 契约理论

契约理论的起源和发展历史悠久，古典契约的思想最早可追溯至古希腊时代。契约理论的思想流派多样且关系复杂，而有助于本书研究的主流契约理论应该是经济学领域中，起始于 Coase（1937）的经典论文《企业的性质》，而后由 Alchian 和 Demsetz（1972）、Jensen 和 Meckling（1976）、Grossman 和 Hart（1986）以及 Hart 和 Holmstrom（2010）等学者进行拓展、完善而建立起来的一套契约理论。奥利弗·哈特（Oliver Hart）与本特·霍姆斯特姆（Bengt Holmstrom）两位教授还因在契约理论研究领域的卓著贡献，于 2016 年荣获诺贝尔经济学奖。契约理论将企业描述为一系列契约的结合体，企业内的各个理性主体会与企业签订契约，各主体需向公司贡献自身禀赋和劳动，企业会以一定资源作为对这些理性主体的回报，契约规范了企业各理性主体的行为。企业内的契约关系包含显性契约和隐性契约两种形式（唐晓华和王丹，2005；陈冬华等，2008），例如，CEO 与董事会所签订的任职合同属于典型的显性契约，而在企业文化倡导诚信工作的环境下，企业要求员工做到诚实守信则属于一种隐性契约。

在预算的背景下，公司董事会所制定的预算目标对经理而言就是一种契约，经理需要完成预算目标方能得到相应回报。经理作为理性经济人，必定希望个人收益最大化，他们有动机在预算编制中建立预算松弛来使得预算目标更低、更容易完成。因此，依据契约理论，经理人通过建立预算松弛影响了他们与董事会所签订的预算计划这种显性契约。然而，经理人建立预算松弛的行为还会受到一些其他契约的影响。潘爱玲和代鹏（2013）曾提到，心理契约作为企业隐性契约的核心代表，同各类显性契约一样，共同约束了企业的财务行为。所谓心理契约，如企业文化、信任、忠诚等契约关系，是由契约制定者根据自己的心理期望而产生的隐性规则。本书研究的问题就是企业内的预算责任主体心理结构的不同，将会如何影响其建立预算松弛的行为。责任主体的心理结构往往涉及他们拥有的心理契约，如对工作保持忠诚的契约等。这些心理契约显然会对责任主体的财务决策行为产生影响（Baker et al.，2002），进而影响到其建立预算松弛的行为倾向。通过分析可知，预算责任主体拥有的一系列以心理契约为代表的隐性契约，会影响其建立预算松弛的行为倾向性。

广义的契约理论可以划分为完全契约理论与不完全契约理论（聂辉华，2017），两者的研究假设及内容有很大区别。完全契约理论认为，企业和市场的本质都为一种契约，委托人和代理人完全理性且可预见未来所有的或然状况。

完全契约理论包含了道德风险与逆向选择模型，根据当事人博弈的状态可以细分为几类博弈模型。委托代理理论机理与完全契约理论相同，本书通过分析发现完全契约理论的内涵表述及其所包含的研究模型更加丰富、完整，若将研究模型作为元素，委托代理理论相较之下应被归为完全契约理论的一个子集，不过有的文献也直接将委托代理理论等同于完全契约理论，说法没有明确的统一。

不完全契约理论认为契约当事人为有限理性并存在事前专用性投资。有限理性使得当事人不能预期到履约的各种或然情况，导致当事人不能将所有内容写进契约或当事人即使能观察到但无法向第三方证实。事前专用性是指某种资源（资产、关系）具有专门性则可能遭遇当事人事后"敲竹杠"行为（hold up）。不完全契约理论认为委托人和代理人为有限理性并且存在"寻租"行为或"敲竹杠"行为，此时可通过产权安排实现次优均衡状态，产权形式的不同使得企业边界发生变化，因此企业和市场的本质就存在区别。在公司各层级预算编制和执行中，股东大会与公司高层之间、公司高层与公司内部二级单位和三级单位之间在一定程度上都存在不完全契约的情形。通过学者的拓展和补充，广义的不完全契约理论包含了交易费用经济学、企业产权理论以及关系契约理论（聂辉华，2017）。

（二）委托代理理论

委托代理理论可用来诠释由于信息不对称而产生的预算松弛，并支撑减少预算松弛的政策设计机制。委托代理理论（Principal-agent theory）是美国经济学家伯利和米恩斯于20世纪30年代，在观察到大量企业因所有者与经营者合为一体产生了诸多弊端，因而首倡"委托代理"制度，实行所有权和经营权分离，在企业权利结构上采取所有者仅保留剩余索取权，将实际经营权利让渡给企业管理者。后经众多学者补充完善，委托代理理论逐渐成了现代契约理论的重要分支。现代委托代理理论主要是由美国经济学家罗斯（Ross）于20世纪70年代将信息经济学与原委托代理理论融合而建立的理论，它是现代公司治理理论的基石。根据委托代理理论的原理，从法律意义上可将公司从组织层面简化为两类主体：A与B签订显性或隐性契约（合同）授权B代表A从事某种活动，在双方达成的契约中A称为委托人，B称为代理人。在经济学研究范式中，将任何一种涉及非对称信息的经济活动中具有信息优势的一方称为代理人，而处于信息弱势的一方称为委托人。在企业委托代理活动中，由于双方拥有的信息并不对称，代理人进行某种活动或交易时具有信息优势，委托人处于信息劣势不能直接观察到代理人的具体行动，仅能观察到代理人的行动结果，这些结果是由代理人的行动与其他外生变量共同决定的。由于双方都具有理性经济人特征①，二者的目标函数存在很大差异。委托人希望代理人为其努力工作并支付代理人较少薪酬，使自身获得最多收益或价值最大化。代理人则希望付出较少的努力，而获得较多的收入或收益。学术界在近五十年来，对委托代理理论已建立起十分成熟的经济学数理模型并做出了深入研究，已取得了大量的研究成果。该理论的数理模型主要由三部分构成：委托人的期望效用函数、代理人的参与约束和代理人激励相容约束。根据委托人获得代理人行动信息的外生变量（自然状态变量），与常见技术处理方法不同，委托代理理论建模主流方法有状态空间模型化方法、分布函数的参数化方法和一般化分布法。委托代理理论是目前采用建模方法研究公司治理主题最为成功的理论。

委托代理理论是研究公司预算松弛产生机理较为合适的理论（侯光明和李存金，2005）。本书借鉴委托代理的状态空间模型化方法阐释外部预算松弛产生的经济原理，假设委托人主体集合为 M（股东大会或控股股东），代理人主体集合为 N（公司高管层），给定 A 为代理人全部可选择的行动或策略的集合，a∈A 表征代理人将采取某一特定的行动策略，θ 是股东或控股股东（委托人）与公司高层（代理人）不能调控的外生变量（自然状态）如国家财税政策、经济周期等，ϑ 是 θ 的取值范围，ϑ 在 θ 的取值空间里的分布函数和密度函数分别为 G（θ）和 g（θ）。为研究之便，假定 g（θ）为连续变量。x（a，θ）是由 a 和 θ 共同决定的一个公司高层（代理人）的工作业绩如公司财报信息；π（a，θ）是由 a 和 θ 共同决定的一个公司产出即营业收入，不考虑税收等因素，其中，π（a，θ）的直接所有权属于股东或控股股东。

假定 π 是 a 的严格递增凸函数，即在给定 θ 如外部环境状况的条件下，公司高层工作越勤奋，公司的产出 π（a，θ）越高，π（a，θ）是 θ 的严格递增函数，即在较好的外部条件下如宏观经济处于上升态势时，公司高层就处于有利的自然状态。x（a，θ）是一个向量，它可能包括 π，甚至涵盖 a 和 θ，而后面一种极端情景意味着 a 是可以观测到的。

在企业预算管理体系中的预算编制、预算执行和预算结果评价活动中，委托人股东大会的目标就是要设计恰当的激励合同 s（x），根据观测到的 x 对公

---

① 理性经济人是西方经济学的重要假设，它指经济主体都能精确计算和预测未来行动与收益，同时希望自己付出少而收益最大化。

司高层（代理人）进行奖惩。公司高层会利用信息优势，在公司预算编制活动中采取预算松弛策略，即低报收入、利润，高报成本费用，以获得可观的"绩效"，从而得到高额回报。

假定股东大会与公司高层的 V-N-M 期望效用函数如下：

股东大会 $v[\pi-s(x)]$

公司高层 $u[s(\pi)-c(a)]$

其中，$\dot{v}>0$，$\ddot{v}<0$；$\dot{u}>0$，$\ddot{u}<0$；$\dot{c}>0$，$\ddot{c}<0$，即股东大会与公司高层都是风险规避者或风险中性者，二者的努力边际负效用是递增的。股东大会与公司高层的利益冲突显示为 $\partial\pi/\partial a>0$ 和 $\dot{c}>0$；$\partial\pi/\partial a>0$ 的经济含义为股东期望公司高层多努力工作，而 $\dot{c}>0$ 则意味着公司高层因为信息不对称而隐瞒公司的真实运营状况，在编制公司整体预算时实施预算松弛措施，以达到少努力、多获益的目的。

采用状态空间模型化方法构建股东大会与公司高层的委托代理关系模型如下：

$$\max \int v\{\pi(a,\ \theta)-s[x(a,\ \theta)]\}g(\theta)d\theta$$

$$\text{s.t. (IR)} \int u\{s[x(a,\ \theta)]\}g(\theta)d\theta-c(a)\geqslant\bar{u}$$

$$\text{(IC)} \int u\{s[x(a,\ \theta)]\}g(\theta)d\theta-c(a)\geqslant \int u\{s[x(\dot{a},\ \theta)]\}d\theta-c(\dot{a}),\ \forall\dot{a}\in A$$

$$(3-1)$$

式（3-1）是委托人股东大会的目标函数，通过选择恰当的 a 和设计合同 s（x）对代理人公司高层进行激励，以达到股东效用最大化，如派送更多的现金股利、股价上涨。实现股东大会的目标函数对于代理人而言，还必须满足两个前提条件：（IR）是参与约束，即对公司高层而言，公司高层接受股东大会的要求完成预算任务（契约）所得到的效用（货币收入、实物期权和职务消费等）不能小于不接受预算任务（契约）时所得到的最大期望效用。（IC）是公司高层的激励约束条件，即给定公司股东大会观测不到的公司高层真实行动 a 和自然状态 θ，这样由于公司高层具有理性经济人特征，公司高层总会利用信息优势，在编制公司预算时采用预算松弛策略实现后期预算绩效评价获得最大效用。对于股东大会希望公司高层采取行动 a 只能是后者实现其效用最大化情景下的努力。换言之，如果股东大会希望公司高层实施的行动是 a（执行预算契约），那么只有公司高层采取行动 a 时获得的期望效用大于任意采取行

动 $\dot{a} \in A$ 时获得的期望效用，公司高层才会采取行动 a。因此，这很好地诠释了股东大会与公司高层间的信息不对称导致的预算松弛现象。当然，在公司预算编制和执行活动中，公司高管的道德风险（Moral hazard）和逆向选择（Adverse election）问题也在所难免。

公司内部的预算松弛主要是由于公司高层、二级单位、三级单位基层员工之间存在关于预算信息的不对称，公司内部只能签订不完全契约而产生的。对于公司内部预算松弛的形成机理，采用委托代理模型和理论可以得到与上述分析相类似的诠释，在此不再赘述。

（三）行为经济学理论

行为经济学理论最早的启蒙阶段可追溯到 20 世纪上半叶，主要的代表人物是制度经济学家米切尔、凡勃伦和康芒斯以及宏观经济学创立者凯恩斯。这些著名的经济学家已经敏感地意识到心理学理论对传统经济学具有变革的意义。他们尝试将心理学实验结果和理论用于解释经济现象，如凯恩斯提出了"选美理论"，对宏观经济波动借鉴动物精神、消费负储蓄动机进行了较全面的解释。后经多代行为经济学家艰辛的探索性研究，特别是 20 世纪 70 年代心理学家卡尼曼和特维斯基通过吸收认知心理学的成果，将心理学和经济学有机地融合起来，以效用函数为核心工具，建立起了较为完善的现代行为经济学体系。卡尼曼与史密斯于 2002 年因对行为经济学做出了重大研究贡献而荣获诺贝尔经济学奖（Camerer et al., 2010）。

行为经济学的理论分支涉及广泛，本书针对具体的研究问题，主要选择了"心理账户"理论与"瘾理论"这两个行为经济学的下位理论观点进行具体阐述和分析。"心理账户"理论与"瘾理论"是现代行为经济学中重要的理论概念，下文将对其进行简要解释并结合本书研究问题做出具体分析。

1. "心理账户"理论

行为经济学理论认为，反映企业经济活动的传统会计是"以账户的形式记录和汇总发生的各种商业和财务交易，并对其进行分析、核实以及将结果上报的管理活动"。与此相类似的个人、家庭需要对日常发生的交易与财务活动在心里（或纸介纸上）进行记录、总结、分析（盘算）、报告。"心理会计"①

---

① 目前国内文献对 mental accounting 译为"心理账户""心智账户""精神账户"等，笔者认为采用"心理会计"较为恰当。后面涉及人们的具体心理反应（核算）内容时，采用"心理账户"表述则更为恰当。

就是对个人、家庭这类心理活动的形象描述。"心理会计"体系主要包括三部分内容：①描述个体如何对结果进行感知和体验，怎样决策和对决策的效果进行评价。"心理会计"的存在可以驱动个体对决策做事前和事后的成本—收益分析。②"心理会计"的功能主要是将不同的活动分配到各自的账户中，"心理会计"（核算）体系中也会将个体资金的不同来源和用途进行标识。③个体每天、每周或每年可以对"心理账户"中的资金进行动态清算，权衡其所得与所失。由此可见，"心理会计"与企业会计、"心理账户"与会计账户有诸多相类似的原理。

在企业预算编制与执行的过程中，企业管理层也像个人或家庭一样运用心理会计进行经营决策活动。在企业预算编制、执行与评价过程中，企业管理层的"心理会计"表现为：①在前文介绍的三个层级的预算编制中，各管理层因为理性经济人的先天禀赋和自身的信息优势，会运用"心理会计"对本层级有关预算指标和将来执行效果进行成本—收益评价；②管理层在借助"心理会计"对各项与自己有关的预算指标进行评价时，会采用预算松弛策略，最大限度地将有利资源纳入自己的"心理账户"中；③在每月、每季度和每年结束时，采用"心理账户"分析（核算）预算完成绩效对自己是否有利，以便今后在预算编制中选择对自己最有利的策略。由此可以认为，无论企业管理层是否感知到心理会计的客观存在，"心理账户"都是管理层在预算实践中的一种常用工具。

"心理账户"理论对预算松弛产生原因的分析与契约理论、委托代理理论有类似之处，这三个理论都包含了理性经济人的假设，预算编制中的管理层在理性经济人假设和具有信息优势的条件下，自然会选择对自己最有利的行为，即建立预算松弛。心理账户理论与契约理论、委托代理理论的区别之处在于，心理账户理论更强调个人的心理状态，在对个人理性的假设时也将个体设定为有限理性，因为常人很难做到能够对现有条件都考虑周全而做出最优收益决策，有限理性的设定更符合常理。预算编制中责任主体（高管）的心理状态可能会受到一些压力因素的影响而发生变化，心理账户理论更强调预算松弛是个体根据心理状态的不同在追求收益时所做出的选择。契约理论与委托代理理论很好地解释了在预算编制过程中，由于存在信息不对称而被理性的责任主体所建立的预算松弛，以此作为分析基点，可以利用行为经济学理论对预算责任主体的个体特征与预算松弛的关系做进一步的分析研究。

2. 瘾理论

"瘾理论"原本是将行为经济学理论引入分析自然人酗酒、抽烟等不良嗜好形成原因而产生的理论分支。行为经济学认为，人们之所以对某种商品或服务上瘾，是其个人经历或社会影响所致，行为经济学将其定义为"个人资本"（Personal Capital）和"社会资本"（Social Capital），前者包括影响当前和未来效用的过去消费和其他个人经历，后者包括个人社交网络和控制体系中所接触到的人类活动影响。行为经济学观点认为，每个人都希望自身效用最大化，这不仅与个人需要消费不同的物品或服务有关，还取决于当时个人资本和社会资本的存量。行为经济学中的"瘾理论"对本书分析公司高管层（预算责任主体）的背景特征对其建立预算松弛倾向性的影响有着很好的启示作用，即公司高管层一般都是业务能力（个人资本）较强和社会阅历（社会资本）丰富的专业型人才，结合"瘾理论"可以做出推断，在把高管建立预算松弛的行为视为一种个人习惯（上瘾行为）时，高管的个人经历和社会资本会刺激其采取预算松弛的策略，其原因可简述如下：①绝大部分高管都具有较强的专业知识，综合素质高、办事能力强，基本上都是从基层岗位努力奋斗才成为企业高层人士的，而比例较小的女性高管更是出类拔萃的女士代表，追求成功是企业高管共同的基本目标。预算松弛的存在可以使高管的业绩目标难度降低，此时他们更容易取得个人的成功，因此高管对成功的个人偏好会驱使他们在预算中建立预算松弛。②企业高层管理者往往先后经历过多个工作单位、岗位和职位，他们明白只有做出"业绩"才能得到职位的升迁，过去因工作表现出色而得到晋升使其"上瘾"追求公司的业绩增长，这样的心理会驱使他们采取预算松弛策略来获得股东的支持，以保持职位的稳定或晋升。③公司的高层管理人员都有很高的收入，其职务消费多且社会地位和政治声誉都很高，为了每年都能向股东大会交上公司业绩的"良好答卷"，即一份漂亮的财务报告，他们可能会出于追求良好业绩的目标而选择建立预算松弛。

由以上分析可知，公司高管采用预算松弛策略既存在主观动机，也拥有客观条件。结合行为经济学理论从高管个体的角度对预算松弛的影响因素进行分析，可以找到刺激公司高管建立预算松弛的心理因素证据，后文将具体结合本节所介绍的"心理账户""瘾理论"以及一些相关的心理学观点，对影响预算责任主体建立预算松弛倾向性的心理因素展开分析，采用高管的背景特征来替代分析其心理可能受到的压力因素，结合具体的个体偏好和社会环境进行研究。

（四）权变理论

权变理论（Contingency Theory）最早于 20 世纪 60 年代产生，此后对领导有效性的研究逐渐转入对权变理论的研究。Fiedler 经过长期研究所提出的领导有效性权变模型认为，领导行为的有效性取决于领导人、被领导人以及工作情景三个因素的匹配情况。Lawrence 和 Lorsch（1967）的研究认为，不同的环境对于组织会出现不同的要求，组织需要在经济变化和技术更新较快的环境下做到尽快适应，及时调整组织特征和目标，才能获得更高收益。权变理论强调"适合"的概念，想要有效地使企业组织运转起来，应将企业组织结构及过程与三类重要的权变因素相结合，包括组织规模、技术和环境特征（Lawrence and Lorsch，1969；Perrow，1967）。Perrow（1967）认为，灵活、松散的结构安排适宜于技术为非常规性的组织，而严格、紧密的结构安排适宜于技术为常规性的组织。Lawrence 和 Lorsch（1969）用相关的方式建立了组织技术、过程安排与环境之间的适应性。

权变理论对于个体理性的假设为个体是有限理性的，个体的行为与组织目标很难协同，因为如果个体完全理性，那么个体行为会因为组织的激励契约有效而很快实现与组织目标的协同。此时，组织内的员工对组织结构和组织契约的反应不可预测且被忽略，权变理论降低了组织内个体偏好和态度的重要性（Donaldson，2001）。

基于权变理论的预算研究主要涉及参与式预算、与预算目标挂钩的业绩评价、预算在组织内的控制功能等（Chapman，1997）。在对预算相关问题进行研究时，权变理论重点解决了组织协调和控制问题，关注在复杂的任务环境和技术更新等权变因素下，预算如何发挥其控制功能使企业组织获得更高的业绩。预算松弛是预算研究的代表性问题，权变理论认为，预算松弛是企业组织为了适应经济环境的自我调节结果。在经济和技术的不断变化中，为了更有效地实施预算计划，企业组织常根据自身的特征和对环境变化的预测，在预算计划中包含了一定的松弛，为自身创造更有利的弹性经营空间，以获得更高的经营利润。预算松弛在权变理论中被认为是一种企业的经营手段，而不是预算责任主体（高管）的"逆向选择"行为，并不会造成企业经济利益的损失。需要特别提出的是，权变理论的研究分析层次主要是组织和下属单位，而组织内微观的个体意志被简化，这也是后文在比较了研究预算松弛问题的各类理论后，分析得出权变理论不适宜本书研究的一个重要原因。

三、本书采用理论及归因简述

（一）三大视角下的预算松弛研究总结

上文结合单视角或多视角交叉下的常用理论对预算松弛的成因和影响因素做了简要分析，粗略可见各基本理论的研究假设和分析范围并不相同。本书研究预算责任主体的背景特征对其在预算编制中建立预算松弛的倾向性有无影响，以及预算松弛可能为企业带来的经济后果，在阐述本研究实际采用的理论基础及原因之前，先对预算松弛已有研究常用到的各理论进行简单的归纳，参考管理会计研究经典著作（Chapman et al.，2007）的做法，分别从分析层次、理性假设等关键点入手，对这几类研究的具体情况做出总结，详细分类情况如表3-1所示。

表3-1　三大社会科学视角下预算松弛研究的比较

	经济学	心理学	社会学
常用理论	委托代理理论	行为经济学理论、心理学理论	权变理论、制度理论
分析层次	委托方和代理方	个体	组织和下属单位
理性假设	完全理性且偏好一致、有限理性	有限理性且偏好不同	有限理性和满意
影响因素	代理人的能力和个人偏好；公共信息和私人信息、状态不确定性	个体的精神状态：态度、动机、满意度、压力、承诺等；任务的不确定性；行为博弈	组织规模、企业经营战略；市场环境的变化
基本评价	预算松弛是经理的"逆向选择"，它会影响预算管理的有效性，进而损害公司利益	预算松弛是高管达到心理和谐的选择结果，它会影响预算管理的有效性、损害公司利益	预算松弛是公司应对市场变化、缓解日常生产经营压力的手段，预算松弛对公司发展有益

注：表中关于经济学视角的理性假设"完全理性且偏好一致"，其中的"偏好一致"不仅指假设个体的偏好是连贯的，且指不同个体的偏好是相同的，都偏好最少的成本和最多的收益。心理学视角关于个体的理性假设"有限理性且偏好不同"与之相对，指个体的偏好是连贯的但不同个体的偏好不相同。另外，行为经济学理论属于经济学与心理学视角的交叉，关于它对预算松弛问题的分析结果与心理学理论类似，此处为了方便分析将其归类在心理学视角下，特此说明。

由表3-1可知，采用不同学科视角下的理论对预算松弛进行研究时，分析对象的层次、研究对象的理性假设以及分析的因素范围等都有较大的区别。

需要特别说明的是，表3-1旨在揭示行为经济学理论对预算松弛研究的分析优势，为下文阐述本书研究实际采用的理论基础及原因做铺垫。委托代理理论归属于经济学视角，心理学理论归属于心理学视角，而权变理论、制度理论归属于社会学视角。行为经济学理论是将心理学的理论观点应用到经济学中而形成的理论，它归属于经济学与心理学的交叉视角，表3-1中为了分析方便暂且将其归属在心理学视角下。

另外还需要说明的是，本书并未将契约理论归入表3-1中。从广义契约理论来看，它属于发展历史悠久的一种传统经济学理论。本书结合研究背景进行分析时发现，显性契约及隐性契约的概念都对预算松弛问题具有一定的解释力，而心理契约作为隐性契约的核心代表，可以对责任主体建立预算松弛行为的影响因素提供分析基础。心理契约理论涉及个体心理因素的概念，并且此时不强调传统经济学中个体的同质且完全理性了，心理契约理论显然归属于经济学与心理学视角的交叉，这与行为经济学理论的性质类似。由于利用契约理论对预算松弛进行分析时涉及多种情景，且不同情景关系到的分析因素不同，这给将契约理论进行视角归类带来了困难，因此最终未将其归属到表3-1的某一个学科视角之下。

（二）本书采用理论及归因简述

在经济学的研究视角下，各预算责任主体建立预算松弛的动机在已有文献中往往被简化，采用委托代理理论进行研究的文献认为，企业高管作为理性经济人，出于利己的目的会建立最多的预算松弛，这会对公司的利益造成损害。而从心理学的研究视角出发，国外的相关文献也常常对预算编制中个体的精神状态与其建立预算松弛的行为倾向性的关系展开调查，此时预算管理中责任主体（高管）不再被假设为完全理性且同质，个人的态度、偏好等心理因素被放大，责任主体（高管）并不会最大限度地建立预算松弛（Liessem et al.，2015），他们建立预算松弛的具体行为值得探讨。关于结合权变理论对预算松弛展开分析的研究，关注重点往往在于预算松弛与组织特征之间的关系，而预算管理中个体的意志被简化，预算松弛被解释为企业对于环境的适应性选择行为。

通过本章第二节对预算编制的具体流程分析可知，在"上下结合"的预算编制程序中，预算松弛在各级单位传递预算信息时产生，各责任主体间存在的信息不对称是预算松弛产生的关键动因，委托代理理论对此能做出恰当解释。本书旨在探讨预算责任主体的背景特征对其建立预算松弛的倾向性有无影响，委托代理理论对高管完全理性和偏好一致的假设，以及高管会建立最多预算松弛的推断与实际情况不相符。具有不同背景特征的企业高管在企业内的决策行为存在差异（Hambrick and Mason，1984），这是由于高管背景特征的不同决定了其心理结构的不同，进而影响到他们的行为决策，而预算编制也属于高管的财务决策行为。在现实中，企业高管很难做到完全理性。因此，具有有限理性且偏好不同（心理结构不同）的企业高管在预算编制中建立预算松弛的行为倾向性，并不显得那么容易预测了。从属于经济学与心理学交叉视角下的行为经济学理论，可对本书研究问题做出自洽性解释，从而弥补了委托代理理论在个体理性假设时的缺陷。综上所述，本书在具体研究时采用行为经济学理论作为分析基础是科学、合理的。

另外，契约理论中包含的心理契约概念对责任主体所受到的一些心理约束（隐性契约）具有很好的解释能力，可帮助分析心理约束（隐性契约）是如何影响公司高层建立预算松弛的行为倾向的。但从高管的背景特征来看，社会属性涉及高管与政府的一种关于诚信、自廉的隐性契约，而性别特征则不涉及明显的契约关系。采用行为经济学理论进行分析的优点在于，其能对高管的关键背景特征与其建立预算松弛行为的关系都给出一定的解释。在后文的分析中，在探究涉及高管心理契约的背景特征时，结合契约理论的分析可以作为研究的佐证。

已有的一些文献调查了组织内个体的心理状态与其建立预算松弛行为的关系，但研究所采用的方式多为问卷调查或实验等，所得到的研究结论具有一定的局限性。本书借鉴这类文献的一些心理学观点，结合相应的行为经济学理论，欲研究中国企业内预算责任主体建立预算松弛的倾向性是否受到其个人背景特征的影响。实际上，预算责任主体的背景特征可以侧面反映出其心理状态，包括个人风险偏好和受到的社会压力等。本书采用大数据统计回归的实证研究方法，不仅提高了研究结论的普适性，而且对于国内关于高管建立预算松弛倾向性的研究是一个很好的补充。本书详细分析了我国企业内高管的个人偏好和所受到的社会影响对其预算编制行为的影响，研究结论也更加符合中国现实。

四、本章小结

本章介绍了预算管理的演进历史及预算管理系统的基本构成，然后从预算的具体编制流程中引出了预算松弛的产生。据历史文献记载，"预算"最早在13世纪发轫于英国。英王1215年签署的《大宪章》中规定，未经封建主等代表组成的大会议同意，国王不得向封建主征收额外税捐，即使在正常税收征收活动中，也必须向社会公布政府财政开支计划（预算）。13世纪后期，这种预算制度被法国等其他国家采纳，用于政府的财政费用计划与控制活动，由此便形成了传统的费用预算制度。19世纪末期，美国的一大批集团公司面临自身规模的急剧扩大，采用原有的生产计划安排方式很难实现公司整体的资源配置，公司预算管理也就应运而生。20世纪后，公司预算管理系统很快成为美国和欧洲国家公司的实务操作蓝本。

预算管理系统中的主体可分为预算决策主体、预算执行主体和预算监督主体，各主体具有各自的职责和权力，他们的共同作用使得公司的预算管理系统能够正常运转，发挥其应有的功能。公司在进行预算编制时，一般可采用固定预算、弹性预算、滚动预算和零基预算等方法（杨雄胜，2004）。这几种预算编制方法各具优点和缺点，在公司的实际操作中，很少采用滚动预算和零基预算两种方法。

通过对公司预算编制流程的具体分析，可以将预算松弛的产生分为几个部分。预算编制中存在上、下级的二元关系，各层级之间存在预算信息的不对称，预算松弛由此而生，分别包括内部高层与二级单位间的预算松弛、二级单位与基层单位间的预算松弛以及外部的预算松弛。

此外，本章还结合几类常见基本理论对预算松弛的成因和影响因素进行了分析，分别包括契约理论、委托代理理论、行为经济学理论、权变理论。然后，对三种科学视角下的预算松弛研究做了归纳总结，从分析层次、理性假设、影响因素和基本评价四个方面对各基本理论所对应的具体内容做了简述，得到了各理论的基本研究情况。最后，阐述了本书选择行为经济学理论作为分析的理论基础及原因，分别对三种视角下常用理论的研究范围和研究假设做了具体分析，说明了最终所选理论用于本书研究的合理性和有效性。

第四章

预算责任主体背景特征与预算松弛

一、理论分析与研究假说

根据财政部"自上而下、自下而上、上下结合"的预算编制要求，以及企业日常实际的预算编制过程，企业最终的预算计划是由各预算责任主体经过协商、调整后的结果。从经济学与心理学的交叉视角出发，结合行为经济学相关理论可以对预算松弛的成因做出解释。结合前文介绍的"心理账户"概念，在企业进行预算编制的过程中，企业各管理层因为理性经济人的先天禀赋和自身的信息优势，会运用"心理会计"评价各项与自己有关的预算指标，他们会采取建立预算松弛的策略，最大限度地将有利资源纳入自己的"心理账户"中。特别当企业采用以预算为基础的业绩考核和薪酬激励计划时，下属经理便会采取一系列行动来最大化个人利益（Fisher et al.，2002）。相关研究证明，当经理人意识到其薪酬水平与预算目标的完成情况挂钩时，他们确实会通过建立预算松弛来使预算目标难度降低，从而更容易获得较高的薪酬（Jensen，2003）。

通过委托代理理论可以很好地解释预算松弛是由高管所建立的，上下级之间存在的关于预算信息的不对称是一个关键因素，这可以作为后文分析的基点，但委托代理理论对高管的完全理性假设不符合实际情况。文献证据（Liessem et al.，2015）表明，在预算的实际编制过程中，经理并没有通过建立最多的预算松弛来最大化其自身的经济效用，而预算松弛也并没有被完全剔除。显然，在公司预算编制的现实情景中，高管人员并非完全理性，除了追求个人经济利益外，他们也会关注另外一些非报酬但会对其工作发展或个人形象等产生影响的要素。"心理账户"理论认为，高管在预算编制中建立预算松弛的行为是综合考虑的结果，此时强调的是一种心理和谐，即管理者在心里对各种压力因素进行综合评价后会选择建立一定的预算松弛以获得个人认为的最优收益。除了完成预算目标的压力和追求更多的经济收益外，预算责任主体（高管）的心理还受到许多来自其他方面的压力因素。Liessem 等（2015）针对预算参与者的社会偏好、程序正义、道德背离三个心理特征与预算松弛的关系展开了文献回顾，并解释了为什么在实际情况中，经理并未遵循最大利益追求者的经济学假设。

鉴于存在预算松弛是不道德的现象（Stevens，2002），研究证明，在预算编制中责任主体对诚实存在偏好，这是其内心的社会道德感所致（Evans et al.，2001）。尽管有时候经理只是想表现得比较诚实（Hannan et al.，2006），因为这样可以为他们带来其他方面的好处，如个人形象、声誉的提升等。Stevens（2002）也推断出个人内在道德感会阻止经理将预算松弛提高到最大限度。当下级经理有机会参与预算编制时，他们会认为该预算过程是公平的（Libby，1999；Lindquist，1995；Renn，1998），严格的程序正义对预算松弛具有抑制作用（Libby，2003；Little et al.，2002；Wentzel，2004）。对于道德感和程序正义的研究证明了高管的某些心理特征对其建立预算松弛的倾向性和关于预算松弛的认知态度都会产生影响。Daumoser 等（2018）的研究提到，诚信报告和预算松弛的影响因素虽然很多，但通过回顾以往研究发现仍鲜有文献直接研究道德价值、正义感和其他个人品质对预算松弛的影响。作者还总结道，此研究领域中有大量文献均从心理学观点出发，分析个人的预算相关行为。通过总结部分具有代表性文献的研究结论，发现程序公平、对个人声誉的关注以及社会规范都会减小下级经理建立预算松弛的程度，而对道德的关注并无此效果。通过文献的回顾可知，个人声誉（Stevens，2002）、社会压力（Hartman and Maas，2010）、个人价值观（Hobson et al.，2011）等心理特质都与管理者建立预算松弛的行为倾向性存在联系。虽然高管的心理结构特征（声誉关注、价值观等）是无法度量的，但其个人经验必定影响了他们最终形成的认知基础和心理惯性。

本书研究了背景特征不同的预算责任主体建立预算松弛的行为倾向性是否存在区别。由于责任主体的年龄、性别、学历、任职时间、工作背景等特征存在差异，根据 Hambrick 和 Mason（1984）提出的"高层梯队理论"（Upper Echelons Theory），因此其个人的认知、道德价值观、风险偏好等便会有所不同。这些个人心理结构特征会影响高层管理团队的协作过程，并且越是复杂的决策过程受到的影响越明显，最终导致企业战略选择和企业绩效的改变。责任主体的预算编制行为显然也属于高层管理团队的协作过程，因此高管背景特征的差异会对其预算编制决策产生影响，特别是建立预算松弛的行为倾向。

Dunk 和 Nouri（1998）曾提到过，若想对预算松弛进行控制，关注点就应该落在一系列组织、环境、个人特质层面的变量上。企业内参与预算编制的责任主体有条件、有动机建立预算松弛，本书欲探究预算责任主体的个体背景特征对其建立预算松弛的行为倾向性是否存在影响。为了方便研究，本书将预算责任主体分为三个层次：董事会、高管层、下属层。由于预算编制中上级对最终预算制定具有决定权（Fisher et al.，2000），因此本书主要讨论董事会与高管层中个体的背景特征与预算松弛的相关性。考虑到代表性人物和背景特征数据的可获得性，主要将董事长、CEO 和 CFO 这三类责任主体作为研究对象。根据高层梯队理论的观点，高管的背景特征可作为其心理结构的度量指标，这为后文分析高管的心理变化引起其建立预算松弛的倾向性发生变化奠定了基础。

回顾现有关于高管背景特征的研究文献，学者常研究的高管背景特征包括性别、年龄、任期、教育程度、工作背景等。性别往往影响了管理者的行事风格，女性和男性管理者最明显的行事差异体现在其对风险的偏好上，女性管理者相比男性管理者偏保守谨慎、厌恶风险。有研究证明，女性高管可以降低公司承担被诉讼的风险（Adhikari et al.，2019）；女性高管显著抑制了公司的财务舞弊行为（周泽将等，2016）；女性 CEO 对股价崩盘风险也有显著的抑制作用（李小荣和刘行，2012）。男性管理者则表现得更加偏好风险，喜好高风险、高回报的投资项目，其管辖公司的战略更加多元化、投机性强（陈传明和孙俊华，2008；陈东，2015）；男性管理者也容易表现出过度自信且偏好高程度的财务杠杆（何瑛和张大伟，2015）。

管理者的年龄与其风险偏好有关，年轻的管理者偏好冒险，乐于尝试新的事物（Bantel，1993；Hambrick and Mason，1984），偏好制定更多元化的战略目标（张建君和李宏伟，2007）；而年纪较大的管理者比较厌恶风险且对风险更加敏感，他们偏好采取保守的、风险较低的公司政策（Bantel and Jackson，1989；Wiersema and Bantel，1992）。

有研究表明，管理者的学历和任期会影响其晋升的敏感性，从而增加晋升对公司过度投资的影响（张兆国等，2013）。Bangura 等（1996）认为，个人关于社会认知（道德、正义等）的经验来自其教育经历背景和他人对其行为的反应，并且在日常行为中会遵循个人的社会认知，如果违背这类社会规则，如有不诚信的行为发生，个人会产生认知的失调（Festinger，1957）。Stevens（2002）指出，预算松弛现象是不道德的，并且制造预算松弛的行为也会导致个人认知失调。由此可以推断，高管的个人教育背景可以通过影响其社会道德感的形成，作用到其建立预算松弛的行为上，这也为高管教育背景可能会影响其预算编制行为提供了证据支持。

高管的职业背景是指其之前工作所在的职能部门（Hambrick and Mason，1984；Waller et al.，1995），这一背景特征也被证明与公司的战略（张建君和李宏伟，2007）、研发投入（何霞和苏晓华，2012）、创新（周建和李小青，2012）等存在联系。有学者提出，董事长对于战略的偏好取决于他们的职能背景，且如果董事长与总经理职能背景的差异越小，那么公司战略受到董事长职能背景的影响作用越大（刘洋等，2016）。

基于对现有研究管理者背景特征文献的回顾，本书选取了6个具有代表性的背景特征展开研究，所设定的6个背景特征分别为：性别、年龄、学历（教育背景）、相关工作经历（职业背景）、社会属性、任期。本书将用这6个背景特征测度高管的心理结构，结合行为经济学的相关理论和一些心理学基本观点，对高管可能存在的心理压力导致其建立预算松弛倾向性发生的变化展开研究。

（一）CEO 的社会属性与预算松弛

CEO 是受聘于公司董事会的直属下层高级管理人员，在由董事会授权的合理范围内，CEO 作为代理方对公司的日常经营事务进行管理，其具体职责为参与公司的生产经营活动，保证公司的正常运作和发展，另外他们也负责执行董事会下达的各项决议及公司未来的经营计划、投资计划等。CEO 是预算责任主体层级中高管层的最高权力执行官，因此可以将其作为高管层的代表性人物，本书首先以企业内的 CEO 为研究对象进行讨论。

结合行为经济学的"心理账户"理论对预算编制内的高管行为进行分析，可以知道高管存在建立预算松弛的利己行为。高管建立预算松弛是达到其心理和谐的一种个人行为选择，高管的这种行为会受到各种心理因素的影响。行为经济学中的"瘾理论"可以对可能存在的影响高管建立预算松弛行为的心理因素进行推测，此时将高管建立预算松弛看作是一种"上瘾"行为，根据"瘾理论"的假设内容，高管之所以会将建立预算松弛作为一种习惯性选择，是其个人经历或社会影响所致，这里所提到的社会影响是指个人社交网络和控制体系中所接触到的人类活动影响①。考虑到前文所设置的可以代表高管心理结构的六个背景特征中，高管的社会属性②是一种典型的社会影响因素，当这种特征有所区别时，高管的心理所受到的社会压力不同，其建立预算松弛的行为倾向性可能存在区别。

政治关联是近年来公司治理领域的研究热点，公司内关键高管的政府工作身份可以为企业提供获取资源的便利，也会使其在政府管制中的协调成本降低，在企业面临困境时更容易获得政府的救助（陈运森和朱松，2009；胡旭阳，2006；罗党论和唐清泉，2009；陈维等，2015；杜勇和陈建英，2016）。杜兴强和周泽将（2009）研究发现，关键高管的政府工作身份会促进该企业的业绩提升，而非关键高管的政府工作身份则会抑制该企业的业绩提升。雷光勇等（2009）发现，公司政治关联对公司价值的作用受到公司所在地区法制化程度的影响。罗劲博（2016）发现，CEO 的政府工作身份会明显降低机构投资者对公司正向盈余管理的抑制作用。

Hutton 等（2014）证明了公司经理的个人派别偏好对该公司的政策制定存在一定影响。Fan 等（2007）发现，在国有企业内，若 CEO 曾在或现在政府任职，则该企业的销售增长率、销售变化率以及市场的收益相较 CEO 无此经历的企业更低。王庆文和吴世农（2008）对我国上市公司进行实证研究时发现，国有企业的政治关联与其业绩负相关，而民营企业的政治关联与其业绩正相关。关于关键高管的社会属性对企业业绩造成影响的研究结论并不统一，多数研究证据显示，关键高管具有社会属性的公司相比于没有的公司，其负债风险更小、研发投入更低。显然，具有社会属性的高管在公司的经营活动中表现得更为谨慎，且偏好风险较低的会计政策。

高管的社会属性可以为公司带来一些便利性，同时这类高管也受到了相对更多的关注和监督。具有社会属性的高管更加注重个人行为对其造成的声誉方面的影响，这类高管的行为通常比较谨慎。结合行为经济学中的瘾理论分析可知，高管的社会属性特征属于一种社会影响因素，这种因素通过影响高管的心理状态，最终作用到其建立预算松弛的行为上。另外，结合契约理论的概念对

---

① 瘾理论提到的"个人资本"和"社会资本"可以被解释为个人经历和社会影响，具体释义如文中所示。后文在表述时用到的"个人经历"与"个人资本"、"社会影响"与"社会资本"分别同义。

② 本文中"社会属性"指高管的从政经历，关于社会属性强度的变量定义可见后文。

此进行分析，高管的社会属性属于高管与政府间签订的一种心理契约（隐性契约），即需要保持自身的忠诚、廉洁，这种隐性契约规范了具有社会属性的高管在日常工作中的行为。行为经济学理论与心理契约理论对此的分析结果一致，即 CEO 的社会属性越强，其内心对于个人声誉的关注越紧密，其日常行为越谨慎，因此他们在预算编制中也会尽量保持诚信的作风，这种心理状态抑制了他们建立预算松弛的行为。由此，本章提出如下假说：

H4.1：在公司主要特征控制不变的情况下，公司内现任 CEO 的社会属性越强，则该公司当年的预算松弛程度越低

（二）CEO 的职业背景与预算松弛

结合瘾理论进行分析可知，将预算松弛看作是高管的一种"上瘾"行为时，产生这种行为习惯与高管的个人经历和社会影响有关。上文讨论到的高管社会属性属于其所受到的社会影响，现对与高管的个人经历有关的心理因素（背景特征）展开讨论。企业内的高层管理者往往先后经历了多个单位、岗位或职位，本书设置的相关工作经历这一背景特征正好可以描述高管个人的过去工作经历，这属于会影响高管建立预算松弛习惯性的一种"个人资本"因素。

公司任命具有财务工作经历的 CEO 通常与公司特征和发展目标有关，负债水平低、盈利能力差并且成长机会小的公司，通过任命具有财务背景的 CEO 来改善公司经营状况和促进公司发展的动机性往往比较强（黄继承等，2012）。黄继承等（2012）的研究表示，公司任命具有财务工作经历的 CEO 通常是出于对其公司目标、财务状况、公司治理以及发展战略进行匹配的考虑。例如，经营不善的公司聘请具有财务工作经历的 CEO，可以利用其资本筹集和财务处理的经验充分发挥公司的融资能力，使公司避免陷入财务困境，并逐渐朝着良好的经营状态发展。

大部分研究表明，高管的工作经历与企业的研发投入存在着一定联系（姜付秀等，2009）。何霞和苏晓华（2012）发现，高管的财务职业背景与企业的 R&D 投入显著正相关。文芳和胡玉明（2009）发现，高管的技术职业经验与公司的 R&D 投入强度显著正相关，并且年龄的差异对这种关系存在一定的影响，青年组高管其的职业经验与公司的 R&D 投入强度显著正相关，而高龄组高管的职业经验与公司的 R&D 投入强度显著负相关。但高管的财务工作背景为公司带来的影响不一定都是正面的，刘继红和章丽珠（2014）发现，高管的"CPA 工作背景"及"事务所关联"并未让公司获得更多收益，在事务所的工作经历反而提高了高管进行额外盈余管理的能力，使得公司的应计盈余管理水平提高。

拥有财务或金融方面工作经历的 CEO，往往会利用其经验的优势将企业事务带入自己熟悉的领域。他们一般偏好较多的研发投入（何霞和苏晓华，2012；文芳和胡玉明，2009），擅长为企业制定具有一定风险的多元化战略目标。为了实现较为激进的多元化战略目标，建立预算松弛可以帮助公司抵御外部经济环境的变化，还可以帮助 CEO 分散一定未达到预算目标而导致工作失败的风险。具有财务工作经历背景的 CEO 会偏好较高程度的预算松弛以保证公司长期发展目标的实现，这也可以分散其投资失败的风险。由此，提出如下假说：

H4.2：在公司主要特征控制不变的情况下，公司内现任 CEO 有财务或金融相关工作背景相较于没有该类工作背景，其当年的预算松弛程度更高

二、拓展性研究假说

本书将 CEO 作为预算责任主体中高管层的代表性人物，建立了主要的研究假说。结合行为经济学理论进行推导，发现本书所设置的六类可代表高管心理结构的背景特征中的职业背景、社会属性这两种特征会影响高管建立预算松弛的行为倾向性。"相关工作经历"和"社会属性"分别代表了"个人资本"类型和"社会资本"类型的个人心理影响因素。为了探究其他四类特征是否也会影响高管建立预算松弛的行为倾向性，本书现进行如下拓展性研究，讨论另外两类高管代表性人物的背景特征与其建立预算松弛的行为是否存在关联。

（一）董事长的性别特征与预算松弛

预算责任主体层级中的最高级为公司的董事会，而董事长作为董事会的领导者，其最主要的职责是主持各种董事会会议，负责审查经理层上报的公司发展计划，而这些计划提议中就包括公司的预算计划。董事长作为公司利益的最高代表者，有责任监督下级经理的工作情况，保证经理为了公司的利益而努力工作，发现和杜绝经理为了私人利益而损害公司利益的各种行为，以保护公司和股东的权益。在董事会决议公司的预算计划时，董事长除了需要甄别预算计划中可能包含的松弛，还需要考虑实现公司所制定的战略目标是否需要预算计划包含一定程度的预算松弛。

从前文结合瘾理论对高管建立预算松弛的原因分析可知，绝大部分高管都具有较强的专业知识，且其综合素质高、办事能力强，这些高管基本上都是从基层岗位努力奋斗才成为企业高层的，而比例较小的女性高管更是出类拔萃的代表，显然她们对于成功的追求是十分强烈的。高管追求成功是其个人奋斗的持续性目标，而建立预算松弛可以使高管更容易取得工作的成功。由于性别不同，高管在追求个人成功时的心理状态也会不同，这会导致其建立预算松弛的倾向性发生改变。

性别特征属于人口学特征，它会影响瘾理论所讨论的"个人资本"和"社会资本"，因此可以推测性别特征也会影响高管建立预算松弛的行为习惯（上瘾行为）。虽然不能同社会属性、职业背景特征那样被归类于"社会资本"类和"个人资本"类的心理影响因素，但性别特征确实会影响高管的个人经历和所受到的社会影响。本研究的理论基础建立在经济学与心理学的交叉视角下，着重关注高管的心理状态，此时可以借鉴一些心理学理论的观点，以讨论性别特征可能对高管建立预算松弛的行为倾向产生的影响。

考虑到董事长的性别特征，心理学的研究认为，人类性别的差异会导致其行为有较大区别。回顾关于企业高管性别特征相关文献的研究结论，女性高管相对于男性高管常常表现为行事作风更加谨慎，并且女性高管多为风险厌恶者，她们更倾向于采取稳健的会计政策（Tihanyi et al.，2000；王福胜和程富，2014）、其经营的公司生存能力更强（Boden and Nucci，1997）且更不容易发生崩盘风险（李小荣和刘行，2012）。有研究表明，在女性高管掌权更多的公司相比于其他公司更有能力避免陷入被诉讼的境地，女性高管更倾向于拒绝高盈利、高风险性的公司政策，如更激进的研发投资计划、密集的广告等（Adhikari et al.，2019）。相反地，男性高管则容易表现出过度自信（何瑛和张大伟，2015），他们更倾向于采用高风险、高回报的投资计划（陈传明和孙俊华，2008；陈东，2015）。

由此可知，高管的性别特征对其风险偏好存在一定影响，而高管的风险偏好往往会影响其在公司内的决策行为，特别是与战略有关的决策。Christensen等（2015）发现，董事长的风险偏好对于公司的文化氛围及资源的分配决策会产生显著影响，由此可知董事长的个人行事风格和习惯会影响其在处理公司日常事务中的关键决策。高管的背景特征对其形成不同的战略偏好也有重要影响（Jensen and Zajac，2004），董事长对于风险的偏好会影响其对于公司政策和战略的选择，刘运国等（2011）发现，董事长任期、相关工作经历、持股比例都对其在任公司的 R&D 支出有显著的正向影响，研发支出较大说明该公司正寻求发展，采取的投资策略是相对激进的，高回报的同时也存在较大的风险。

从董事长的角度来看，他们在处理下级经理上报的预算计划时，需要甄别预算计划内包含的预算松弛程度，尽力杜绝经理人故意降低预算目标来谋取私利的行为。另外，董事长还需要考虑对经理人的激励方式，带有一点松弛的预算计划对经理人的激励效果是最佳的。通过统计可以发现，在本研究样本中我国上市公司中的女性董事长占总样本数量的 4% 左右，属于一个较小的群体。女性董事长在处理公司的预算计划时，常理上她们应该更偏好风险更小的预算计划，预算松弛可作为公司应对市场经济环境变化的手段，以保证公司能在更稳定的环境下经营，因此预算松弛应该是为女性董事长所偏好的。经过以上理论的推导，本书认为，女性董事长相比于男性董事长偏好更高程度的预算松弛，使公司在变化的经济环境中保持稳固的经营水平。因此，本章提出如下假说：

H4.3：在公司主要特征控制不变的情况下，女性董事长相比于男性董事长，倾向于通过包含更高水平预算松弛的预算计划

（二）CFO 的学历特征与预算松弛

通常来讲，CFO 由于其财会专业背景及职业操守的要求，相比于其他高管总体上更加谨慎和理性。一个人的受教育程度反映了其对知识的掌握和学习的能力。另外，一个人的教育经历也会影响其个人价值观和社会正义感的形成（Bangura et al.，1996）。个人的受教育背景属于其个人经历，在这个过程中个人也接受了来自社会的影响。因此，教育背景这一特征所代表的心理因素既可以归类于瘾理论中的"个人资本"，也可以归类于"社会资本"，由此可见，受教育程度不同的企业高管，其心理状态也不同，这可能会使其建立预算松弛的行为倾向性有所区别。

一般情况下，受教育程度越高，高管的学习能力越强，其在变化的经济环境中表现出应对力和适应力也越强（Bantel and Jackson，1989；Kimberly and Evanisko，1981）。一个人的学历包含了丰富的个人信息，虽然学历不能完全与个人能力对等，但对教育的投资可以传递出一个人能力大小的信号（Spence，

1973），公司在招聘管理者时由于信息不对称，只能依靠求职者的学历对其进行一定的筛选。多数公司都有"人才储备"的战略需求，即公司为了长远的发展，他们期望培养高层次的人才以构成新的领导团队，使公司获得长足的发展，因此学历高的经理人相比于学历低的经理人在岗位竞争时更有优势（黄国良等，2010a）。

有研究表明，财务总监的学历对公司会计稳健性有显著正向的影响，具体表现为财务总监的学历越高，财务总监越理性，那么其在会计政策的选择上就会越谨慎（Wiersema and Bantel，1992；张兆国等，2011）。黄国良等（2010）的研究得出结论，管理者的学历越高，公司的管理防御程度越低且其当年的业绩更好。相似地，王福胜和程富（2014）发现，CFO 的学历越高，则其管理防御的动机越弱，公司的资产减值准备计提比例较高，说明此时 CFO 表现得较为谨慎。

关于高管学历特质的相关研究已获得的普遍性结论为，高管的受教育程度对其个人的理性和谨慎性有显著正向的影响。当 CFO 的学历较高时，其对待预算编制中的松弛问题会更加谨慎和理性，他们受到个人利益驱使进行投机行为的可能性更小。CFO 的个人受教育程度会影响其社会价值观和道德感（Bangura et al.，1996），受教育程度越高一般意味着会形成更完善、严格的社会道德感。有研究指出，预算松弛属于一种不道德的现象（Stevens，2002），当 CFO 的受教育程度较高时，其内心受到个人诚信价值观和社会道德感的约束作用更强，因此更不容易发生刻意建立预算松弛的行为。由此，本章提出如下假说：

H4.4：在公司主要特征控制不变的情况下，公司内现任 CFO 的学历越高，公司当年的预算松弛程度越低

三、研究设计

（一）样本筛选与数据来源

本书的研究样本为 2003～2015 年我国沪市、深市 A 股的上市公司，考虑到金融行业与保险业的特殊性，剔除金融行业和保险业公司，此外还剔除了 ST、*ST 以及 PT 股公司。上市公司的预算数据是自愿披露的，且披露的内容也可根据相关规定自由选择，公司的预算计划一般披露在年报的附注里。预算

计划一般通过下一年的收入、成本或利润数据来反映，也有一些关于生产经营等方面的计划和目标可能通过文字的形式呈现。在搜集预算数据时发现我国上市公司关于收入预算数据的披露比例较大，考虑到数据的可获得性，本书主要关注公司年报附注内披露的关于收入预算的数据。通过收集和整理，最终得到了共1295家上市公司在研究年限期间内的年度预算数据，有效观测值为5468个。

需要说明的是，公司年报附注中关于收入预算的数据存在以范围的形式报告的，如上市公司"长安汽车（000625）"2009年的主营业务收入预算数据报告为>97 000 000 000（单位：元），这种情况则视为数据缺失，删除此条数据；还存在将收入预算数据报告为一个区间的情况，如上市公司"奥特迅（002227）"2009年的主营业务收入预算数据报告为150 000 000~200 000 000（单位：元），这种情况将此条数据取值为区间中位数即175 000 000，以保证预算数据的完整性。在收集数据时，如果遇到以上类似情况照上述办法处理，若遇到其他报告方式，根据具体情况分别处理，处理原则是尽量保证预算数据的完整性，但不做无根据的估计。

另外还需要说明的是，本章中为稳健性检验所构造的预算松弛指标之二（Slack″），在具体计算时有涉及企业分析师对主营业务收入的预测数（sales forecast），各企业所聘用的分析师通常不止一人，因此在数据搜集时会出现公司一个年度对应了多个分析师的收入预测数据以及各分析师同时发布了多个时间段（对未来一年的收入估计、对未来两年的累计收入估计、对未来三年的累计收入估计）的收入预测数的情况。针对以上情况，为了尽可能保证样本的完整性及合理性，在具体搜集分析师的收入预测数据时，首先删除有分析师对公司某一年度未做出收入预测的数据缺失样本，其次只选择各分析师对未来一年收入的估计，最后若还是存在公司一个年度对应了多于一个分析师的收入预测数的情况，此时随机选择一位分析师的预测数据进行重构指标（Slack″）的计算。

上市公司的预算松弛数据从公司年报附注内手工收集的收入预算数经过相应计算所得。由于预算数据披露的自愿性，本研究所收集的收入预算数并不平衡。只有部分上市公司自愿披露了收入预算的数据，并且这些公司也不是在样本区间的每一年都进行了披露。预算责任主体个人背景特征的数据以及研究所用到的公司相关财务数据和分析师对公司主营业务收入的预测数据均来自国泰安（CSMAR）数据库，若本研究所需财务数据存在缺失，从万德（Wind）数

据库中手工收集补全。其中，研究中的样本公司每年所对应的董事长、CEO
和CFO的个人背景特征数据为手工筛选、匹配和整理所得。为了避免极端值
对回归结果的影响，对本章研究中所用到的主要连续型变量均进行了1%~
99%的缩尾处理（Winsorize）。

（二）研究变量定义

1. 因变量

本章假说中因变量为公司的预算松弛，预算松弛的测度需要用到企业年报
附注中的预算数据。通常企业的预算数据是自愿公布的，并非所有的企业都选
择公布预算计划。另外，企业年报中公布的预算数据可能是关于收入、成本或
利润的，还可能是通过文字呈现的一些生产经营计划。我国证监会在2001年
12月发布了关于上市公司年报披露内容的相关规定①，其中有关于公司预算数
据披露的规定，但预算数据的披露仍然是自愿行为。

在收集数据的过程中发现上市公司对收入预算数据披露的比例较大，因此
考虑到数据的可获得性，本书以收入预算数据对公司的预算松弛进行度量。关
于预算松弛的定义不是唯一的，本书沿用相关研究常采用的潘飞和程明
（2007）测度企业预算松弛的方法，即用企业主营业务收入的预算数据计算企
业主营业务收入增长率，再减去企业所处行业的平均主营业务收入增长率来调
整，然后用1减去前面计算出来的数值。这样得出的结果数值越大，表示企业
预算松弛程度越大。具体的计算公式如下：

$$\text{Slack} = 1 - \left[(I_n^* - I_{n-1}) / I_{n-1} - \hat{G}_{n-1} \right] \tag{4-1}$$

其中，I_n^* 表示企业年报中自愿披露的第 n 年主营业务收入预算数；I_{n-1} 表
示企业第 n-1 年的主营业务收入实际值；$\hat{G}_{n-1}$ 表示第 n-1 年企业所处行业的
平均主营业务收入增长率。

2. 自变量

本章假说中自变量为预算责任主体各自的背景特征，由于在预算编制中具
有决定权的为上级责任主体，并考虑到数据的可获得性，本书主要研究预算责
任层级中的董事会及高管层（相较于下属层来说，董事会和高管层都属于上
级）。选择其中具有代表性的人物作为研究对象，具体研究了公司内的董事

---

① 证监会：《公开发行证券的公司信息披露内容与格式准则第2号〈年度报告的内容与格式〉》，
2001年12月10日。

长、CEO 及 CFO 这三类责任主体。而公司在同一会计年度中可能存在高管变更的情况，若某一公司某一会计年度内针对董事长、CEO 和 CFO 这三种职位有一次或多次人员变更的情况出现，此时取该年度首位担任该职位的高管人员作为研究对象，以保持样本数据的完整性。

根据国内外已有研究（姜付秀等，2009，2012；Barker and Mueller，2002）和本书所提出的研究假说，选定的高管背景特征包括六类，分别为责任主体的性别、年龄、学历、相关工作经历、社会属性和任期。高管性别、年龄、学历的定义较为简单，详细定义方式可见表 4-1。接下来对其他三个背景特征的定义进行具体说明。

相关工作经历这一特征是为了考察预算责任主体是否具有与财务或金融有关的职业背景，这会让他们在预算编制中相比于没有该类职业背景的高管更具有专业知识的优势，而他们的预算编制行为也会因此受到影响。参考池国华等（2014）、姜付秀等（2009）的研究，本书将相关工作经历背景特征定义为预算责任主体曾任或现任的职位中，是否有属于财务或金融类的职业，有则视为该责任主体有过相关工作经历，反之则为否。

为定义预算责任主体的社会属性，本书现回顾与企业政治关联相关的研究设计。有国外研究者将政治关联定义为企业中至少有一位大股东或高管属于国会成员，或者是该人员与顶级政治家或者执政党之间存在密切的联系（Faccio and Parsley，2006）。Fan 等（2007）将 CEO 的政府工作身份定义为其是否有过在军队或政府机关的任职经历。国内学者雷光勇等（2009）根据我国国情，将上市公司存在政治关联定义为公司董事长或总经理曾在政府或军队任过职，或是担任过各级人大代表或政协委员的职位。杜勇和陈建英（2016）在研究中定义了政治关联广度，即公司内有政府工作身份的高管人数占高管团队总人数的比例。袁建国等（2015）将具有政治关联的企业定义为其董事长或总经理曾在或现在政府任职，并区分政治关联类型为曾在政府部门任职、担任人大代表或政协委员。相似地，毛新述和周小伟（2015）也将具有政治关联的企业定义为其董事长或总经理曾在或现在政府任职或当选过人大代表、政协委员。

参考以上相关文献的研究设计，本书将社会属性特征定义为预算责任主体是否有过从政经历（指担任过中央或地方政府的官员，或担任过人大代表、党代表、政协委员等），若预算责任主体从未有过此类经历则取值为 0，若预算责任主体之前曾有过从政经历但现不在任则取值为 1，若预算责任主体本期在任政治职位则取值为2，取值越大说明该预算责任主体的社会属性越强。这种定义方式与已有研究的定义方式稍有区别，不仅区分了高管是否具有从政经历，还对其是否处于在任状态做了区分，有利于本书对高管心理所受到社会因素的影响做出分析。

关于高管任期的研究一般分为既有任期和预期任期，其中既有任期指管理者在任的实际年限，相关研究多关注管理者的既有任期（刘运国和刘雯，2007；Cazier，2011；Chen，2013）。本书研究的管理者任期指管理者的既有任期，即管理者在职工作的实际时长，统计时用月份数统计，最后单位换算为年。各背景特征的具体定义见表4-1。

需要特别说明的是，在我国关于CEO的称谓使用情况不统一，CEO（Chief Executive Officer）在西方国家指首席执行官，也就是在企业内负责处理日常经营事务且拥有最高决策权的行政官员。在我国，CEO一般指总经理、总裁、执行长或首席执行官等。本书研究的CEO是代指国内企业中的最高行政执行官，且是唯一的，以便于后文的分析。类似地，CFO（Chief Finance Officer）在西方国家指首席财务官，也就是在企业内拥有最高财务决策权和执行权的行政官员。国内企业对此称呼的使用情况并不统一，本书借鉴首席财务官的概念，在研究时将国内企业中被称为财务总监、总会计师、财务负责人等的官员统称为CFO，特定地指企业内唯一拥有最高财务执行权力的行政官员。

数据库（CSMAR）中关于企业高管的分类也与本书有所出入，收集CEO的背景特征数据时发现数据库中的CEO实际上包含了首席执行官、总经理和副总经理，根据人员的具体职位名称和本研究关于CEO的定义，筛选出符合本书定义的每个公司各年度唯一在任的CEO（公司最高行政执行官员）作为研究对象。数据库中关于CFO的定义并未给出准确的中文释义，在进行数据筛选时，根据高管的具体职位名称（财务负责人、总会计师、财务总监等），选择符合本书定义的每个公司各年度唯一在任的CFO（公司最高财务执行官员）作为研究对象。

3. 控制变量

参考预算松弛的实证研究（刘浩等，2015；潘飞和程明，2007；潘飞等，2008；谢盛纹和杨颖婷，2008）、公司预算制定（Bruns and Waterhouse，1975；Feng et al.，2009；Kasznik and Lev，1995）以及公司治理相关文献的研究设计及结论，本章的回归模型所设定的控制变量包括企业所有权性质

（SOE）、公司规模（Size）、股权集中度（Shrcr1）、公司债务风险（Leverage）、公司年龄（Firmage）、盈利能力（ROA）、公司成长性（PBR）和董事会规模（Bsize）。

其中，企业所有权性质用公司最大控股股东是否为国家来确定，将样本公司区分为国有企业或民营企业。公司的规模用其年末总资产的自然对数表示。公司的股权集中度用第一大股东持股比例来测度。公司的负债风险用资产负债率来测度。公司年龄由公司的成立年限来测度，不足一年的时间段按一年计算，年龄越大的公司越"成熟"，年龄越小的公司则相对"年轻"。公司的成长性一般使用主营业务收入增长率来测度（程惠芳和幸勇，2003；吕长江等，2006；马红和王元月，2015），但本研究的因变量预算松弛的计算方式正好类似于公司主营业务收入的增长率，因此选择使用公司的市净率（宋剑峰，2000）来测度公司的成长性，避免了变量的重复使用。若公司的市净率较低，则说明该公司的成长性较低，成长机会较小；若公司的市净率较高，则说明该公司的成长性较高，成长机会较大。公司的盈利能力使用总资产收益率来测度。用董事会人数的自然对数来测度董事会规模。年度和行业的固定效应也分别被控制。本章研究所使用的各个变量的具体定义和计算方式如表 4-1 所示。

表 4-1　主要研究变量定义

Panel A：Dependent Variables	
Slack	预算松弛指标，计算公式为：$Slack = 1 - [(I_n^* - I_{n-1}) / I_{n-1} - \hat{G}_{n-1}]$。其中，$I_n^*$ 表示企业年报中自愿披露的第 n 年主营业务收入预算数；I_{n-1} 表示企业第 n-1 年的主营业务收入实际值；$\hat{G}_{n-1}$ 表示第 n-1 年企业所处行业的平均主营业务收入增长率
Slack′	预算松弛重构指标之一，计算公式为：$Slack' = \hat{G}_{n-1} - (I_n^* - I_{n-1}) / I_{n-1}$。其中，$I_n^*$ 表示企业年报中自愿披露的第 n 年主营业务收入预算数；I_{n-1} 表示企业第 n-1 年的主营业务收入实际值；$\hat{G}_{n-1}$ 表示第 n-1 年企业所处行业的平均主营业务收入增长率
Slack″	预算松弛重构指标之二，计算公式为：$Slack'' = \hat{A}_{n-1} - (I_n^* - I_{n-1}) / I_{n-1}$。其中，$I_n^*$ 表示企业年报中自愿披露的第 n 年主营业务收入预算数；I_{n-1} 表示企业第 n-1 年的主营业务收入实际值；$\hat{A}_{n-1}$ 表示第 n-1 年企业的分析师对主营业务收入预测数的增长率
Panel B：Independent Variables	
gender	性别，虚拟变量。预算责任主体的性别为男性取 1，为女性取 0
age	年龄，预算责任主体本期的年龄的自然对数

续表

Panel B：Independent Variables

degree	学历，根据预算责任主体学历的高低进行赋值：1＝中专及中专以下，2＝大专，3＝本科，4＝硕士研究生，5＝博士研究生。EMBA/MBA 学位也归属硕士学位，赋值为4。赋值越大，学历越高。以其他形式公布的学历（函授、荣誉博士等）视为样本缺失
accback	相关工作经历，虚拟变量。若预算责任主体之前或者现阶段担任的职业（存在兼职的情况）属于财务类或金融类的则取值为1，若从未有过此类工作经历的取值为0
govern	社会属性，若预算责任主体以前有过从政经历（指担任过中央或地方政府的官员，或担任过人大代表、党代表、政协委员等）但本期已不在任的取值为1，若其本期为政治职位在任的取值为2，从未有过任何从政经历的责任主体取值为0
tenure	任期，责任主体担任现职的工作时长，以月份进行统计（因为存在同一年度发生高管变更的情况，用月份统计其任职时长更为精确），最后取值都换算为以年为单位

Panel C：Control Variables

SOE	公司股权性质，虚拟变量。国有企业取值为1；非国有企业取值为0
Size	公司规模，公司年末资产总额的自然对数
Shrcr1	股权集中度，第一大股东持股比例
Firmage	公司成熟度，公司年龄＝ln（1+公司的上市年限）
Leverage	债务风险水平，资产负债率＝负债总额/资产总额
ROA	盈利能力指标1，总资产收益率＝净利润/年末总资产
ROE	盈利能力指标2，净资产收益率＝净利润/年末股东权益
PBR	公司成长性（Price-to-Book Ratio，PBR），年末市净率＝年末每股市价/年末净资产
Bsize	董事会规模（Board size），公司董事会的人数取自然对数
IndustryFE	行业固定效应，上市公司所处行业代码
YearFE	年度固定效应，会计年份

注：预算责任主体的背景特征定义都是统一的，本书研究董事长、CEO 和 CFO 这三类责任主体的个体背景特征，在假说检验中用到的背景特征数据是其各自相对应的取值。回归模型即实证研究结果中的变量名称会加以区别以避免混淆，如"董事长的性别"和"CEO 的学历"分别对应的具体变量名称为"Boa_gender"和"CEO_degree"。

（三）模型设计

为了检验本章的研究假说，针对 CEO、董事长（Board）和 CFO 各自的研究假说分别构建检验模型（4-2）至模型（4-4），为了避免极端值对回归结果的准确性产生影响，在回归前对样本观测值数据中的连续型变量都做了1%～99%的缩尾处理（Winsorize）以提高回归结果的精确度。在回归时对公司的年度固定效应和行业固定效应都进行了控制，对估计的标准误差用 White（1980）方法进行了稳健性调整以及公司层面的聚类（cluster）调整。

在实际统计回归中，参考了池国华等（2014）实证研究中的具体做法。首先，将三类预算责任主体的单个背景特征分别作为唯一的自变量进行了回归。其次，将所有背景特征都作为自变量一起进行了回归。最后，回归得出的结果归于一个表格中的 Panel A 和 Panel B，关于三类预算责任主体的研究假说检验结果各对应一个表格。这种做法可以使回归检验结果更加完整，也增加了研究分析时的准确性。具体的模型构造如下：

$$Slack_{i,t} = \beta_0 + \beta_1 CEO\_age_{i,t} + \beta_2 CEO\_gender_{i,t} + \beta_3 CEO\_degree_{i,t} + \beta_4 CEO\_accback_{i,t} + \beta_5 CEO\_govern_{i,t} + \beta_6 CEO\_tenure_{i,t} + \gamma \sum Controls_{i,t} + \varepsilon_{i,t} \tag{4-2}$$

$$Slack_{i,t} = \beta_0 + \beta_1 Boa\_age_{i,t} + \beta_2 Boa\_gender_{i,t} + \beta_3 Boa\_degree_{i,t} + \beta_4 Boa\_accback_{i,t} + \beta_5 Boa\_govern_{i,t} + \beta_6 Boa\_tenure_{i,t} + \gamma \sum Controls_{i,t} + \varepsilon_{i,t} \tag{4-3}$$

$$Slack_{i,t} = \beta_0 + \beta_1 CFO\_age_{i,t} + \beta_2 CFO\_gender_{i,t} + \beta_3 CFO\_degree_{i,t} + \beta_4 CFO\_govern_{i,t} + \beta_5 CFO\_tenure_{i,t} + \gamma \sum Controls_{i,t} + \varepsilon_{i,t} \tag{4-4}$$

其中，Boa_age（董事长年龄）、CEO_degree（CEO 学历）等预算责任主体的背景特征变量分别为各式的自变量。$\sum Controls_{i,t}$ 表示各控制变量之和，其在模型（4-2）至模型（4-4）中都相同，包括 SOE（公司股权性质）、Size（公司规模）、Shrcr1（公司股权集中度）、Firmage（公司年龄）、Leverage（债务风险水平）、ROA（公司盈利能力）、PBR（公司成长性）、Bszie（董事会规模）这 8 个变量。另外，回归时还控制了公司行业固定效应（IndustryFE）和年度固定效应（YearFE）。β_0 为截距项，$\varepsilon_{i,t}$ 为随机扰动项。

四、实证检验结果与分析

（一）描述性统计分析

表 4-2 为本书所研究的主要变量预算松弛（Slack）的分年度描述性统计结果，由于样本公司可以自行选择是否对预算数据进行披露，并且披露方式也不固定，因此最后计算得到 5468 条公司年度预算松弛的数据。由表 4-2 可以看出，预算数据观测量基本呈逐年上涨的趋势，从 2003 年到 2015 年增长了近 6 倍。若预算松弛指标大于 1 则说明该公司存在预算松弛，否则为预算紧缩。

观察表中每年度的预算松弛统计值，若1/2分位数大于1则说明该年度至少有一半的公司年度观测预算数存在预算松弛，分别有2005年、2007年、2008年、2013年这几个年度；若3/4分位数大于1则说明该年度至少有25%的公司年度观测预算数存在预算松弛，分别有2004年、2006年、2011年、2012年、2014年、2015年这几个年度。本书研究的预算松弛程度既可以描述预算松弛情况，也可以描述预算紧缩的情况，文中提到的"预算松弛"① 不仅指预算松弛的现象，也可以指预算松弛的程度，预算紧缩的情况可被描述为预算松弛程度偏低的情况。总的看来，所有预算松弛样本有效数据的均值为0.790，中位数为0.933，两值较为接近。

表4-2 预算松弛分年度描述性统计结果

Year	N	mean	S. D.	min	p25	p50	p75	max
2003	100	0.545	1.243	−5.685	0.660	0.813	0.963	1.814
2004	111	0.703	1.005	−5.685	0.628	0.843	1.023	1.965
2005	281	0.926	0.757	−5.685	0.902	1.046	1.150	1.847
2006	244	0.842	0.684	−5.685	0.804	0.912	1.047	1.838
2007	500	0.987	0.752	−5.685	0.870	1.011	1.205	1.965
2008	492	0.991	0.660	−5.685	0.932	1.068	1.209	1.965
2009	402	0.611	0.912	−5.685	0.555	0.779	0.969	1.838
2010	534	0.355	0.952	−5.685	0.211	0.576	0.782	1.900
2011	573	0.897	0.650	−5.685	0.804	0.940	1.092	1.965
2012	725	0.769	0.882	−5.685	0.775	0.910	1.036	1.965
2013	622	0.944	0.534	−5.685	0.899	1.003	1.088	1.965
2014	204	0.833	0.757	−5.685	0.851	0.948	1.030	1.926
2015	680	0.702	1.050	−5.685	0.754	0.919	1.017	1.965
Total	5468	0.790	0.844	−5.685	0.745	0.933	1.073	1.965

表4-3为预算松弛（Slack）的分行业描述性统计结果，由于预算松弛程度是利用收入的预计增长率与行业平均收入增长率的差值来测度的，因此表中各个行业存在预算松弛的样本公司都保持在50%左右，这反映为各行业预算

---

① 文中出现的"预算松弛"，多数指公司的预算松弛程度，也有部分时候指预算松弛这一现象。若文中叙述提到"预算松弛"而未具体界定其内涵，则根据其语义情景进行区分。

松弛指标的 1/2 分位数接近于 1。从预算松弛指标的平均值来看，将各行业样本按平均预算松弛程度的大小分为两组：预算松弛程度相对较高的行业为 B（采矿业）、D（电力、燃气及水的生产和供应业）、E（建筑业）、F（交通运输、仓储和邮政业）、H（批发和零售业）、K（房地产业、建筑建设、物业）；预算松弛程度相对较低的行业为 A（农、林、牧、渔业）、C（制造业）、G（信息传输、计算机服务和软件业）、I（住宿和餐饮业）、L（租赁和商务服务业）、M（科学研究、技术服务和地质勘查业）。预算松弛程度相对较高说明这类行业经济环境的不稳定性较高，企业需要一定的预算松弛对自身的生产经营进行缓冲，以适应行业的竞争环境。而预算松弛程度相对较低说明这类行业经济环境的不稳定性较低，企业能在相对稳定的环境中进行生产经营，而不需要相对松弛的灵活预算计划来保障自身的生产经营活动。

表 4-3　预算松弛的分行业描述性统计结果

Ind	N	mean	S. D.	min	p25	p50	p75	max
A	51	0.579	1.618	−5.685	0.723	0.908	1.142	1.965
B	241	0.814	0.999	−5.685	0.749	0.997	1.194	1.965
C	2981	0.789	0.713	−5.685	0.748	0.908	1.028	1.965
D	233	0.931	0.658	−5.685	0.872	1.019	1.164	1.965
E	168	0.860	0.872	−5.685	0.696	0.973	1.146	1.965
F	327	0.892	0.909	−5.685	0.846	1.018	1.216	1.965
G	466	0.643	1.016	−5.685	0.642	0.846	0.994	1.965
H	387	0.927	0.721	−5.685	0.872	1.046	1.170	1.965
I	282	0.629	1.241	−5.685	0.550	0.948	1.224	1.965
K	200	0.837	0.842	−5.685	0.752	1.001	1.171	1.965
L	68	0.780	0.783	−3.743	0.662	0.921	1.115	1.965
M	64	0.553	1.653	−5.685	0.803	0.963	1.155	1.965
Total	5468	0.790	0.844	−5.685	0.745	0.933	1.073	1.965

注：表中涉及的行业分类代码具体含义：A 农、林、牧、渔业；B 采矿业；C 制造业；D 电力、燃气及水的生产和供应业；E 建筑业；F 交通运输、仓储和邮政业；G 信息传输、计算机服务和软件业；H 批发和零售业；I 住宿和餐饮业；K 房地产业、建筑建设、物业；L 租赁和商务服务业；M 科学研究、技术服务和地质勘查业。

　　由于企业对预算的披露本就是自愿行为，实际存在企业出于粉饰自身经营状况的动机而选择对预算进行披露或者不披露，因此本研究所搜集到的有效样本具有不平衡的特点。由于样本的不平衡性以及计算时的对比标准是分行业的平均收入增长率，以上对各行业平均预算松弛的大小进行比较而得出的预算松弛相对大小的分组仅有一定参考意义。

　　表4-4为本章所研究的回归模型主要变量的描述性统计结果，所有的连续型变量均经过了1%~99%的缩尾处理（Winsorize）。其中，Panel A、Panel B、Panel C分别为CEO、董事长和CFO各自样本的主要回归变量的描述性统计结果。

表4-4　主要回归变量的描述性统计结果

Panel A：descriptive statistics of CEO subsample

Variables	N	mean	S. D.	min	p25	p50	p75	max
Slack	2810	0.770	0.790	−5.680	0.710	0.910	1.050	1.960
age	2810	3.880	0.130	3.530	3.810	3.890	3.970	4.160
gender	2810	0.950	0.220	0	1	1	1	1
degree	2810	3.360	0.890	1	3	3	4	5
accback	2810	0.140	0.340	0	0	0	0	1
govern	2810	0.220	0.540	0	0	0	0	2
tenure	2810	3.080	2.970	0	0.920	2	4.330	19.33
SOE	2810	0.580	0.490	0	0	1	1	1
Size	2810	22.10	1.230	19.58	21.20	21.96	22.86	25.46
ROA	2810	0.040	0.050	−0.190	0.010	0.030	0.060	0.200
Shrcr1	2810	0.380	0.160	0.090	0.250	0.370	0.490	0.770
Firmage	2810	2.110	0.760	0	1.610	2.400	2.710	3.090
Leverage	2810	0.490	0.200	0.070	0.340	0.500	0.640	0.970
Bsize	2810	2.200	0.190	1.610	2.200	2.200	2.300	2.710
PBR	2810	3.370	3.110	0.550	1.600	2.440	3.980	23.94

Panel B：descriptive statistics of Board subsample

Variables	N	mean	S. D.	min	p25	p50	p75	max
Slack	2570	0.770	0.780	−5.680	0.720	0.910	1.050	1.960
age	2570	3.960	0.130	3.580	3.870	3.950	4.040	4.230
gender	2570	0.960	0.200	0	1	1	1	1

续表

Panel B: descriptive statistics of Board subsample							
Variables	N	mean	S. D.	min	p25	p50	p75	max
degree	2570	3.430	0.900	1	3	4	4	5
accback	2570	0.160	0.360	0	0	0	0	1
govern	2570	0.500	0.760	0	0	0	1	2
tenure	2570	3.480	3.170	0	1	2.420	5.330	15.75
SOE	2570	0.580	0.490	0	0	1	1	1
Size	2570	22.14	1.260	19.58	21.22	22	22.91	25.46
ROA	2570	0.040	0.050	−0.190	0.010	0.030	0.060	0.200
Shrcr1	2570	0.380	0.160	0.090	0.260	0.370	0.500	0.770
Firmage	2570	2.120	0.770	0	1.610	2.400	2.710	3.090
Leverage	2570	0.490	0.200	0.070	0.340	0.500	0.630	0.970
Bsize	2570	2.200	0.190	1.610	2.200	2.200	2.200	2.710
PBR	2570	3.350	3.170	0.550	1.580	2.430	3.920	23.94

Panel C: descriptive statistics of CFO subsample							
Variables	N	mean	S. D.	min	p25	p50	p75	max
Slack	2162	0.760	0.770	−5.680	0.710	0.900	1.030	1.960
age	2162	3.810	0.140	3.470	3.710	3.810	3.910	4.090
gender	2162	0.740	0.440	0	0	1	1	1
degree	2162	3.100	0.810	1	3	3	4	5
govern	2162	0.070	0.290	0	0	0	0	2
tenure	2162	3.250	3.050	0	1	2.250	4.750	17.50
SOE	2162	0.550	0.500	0	0	1	1	1
Size	2162	22.09	1.250	19.58	21.17	21.95	22.83	25.46
ROA	2162	0.040	0.050	−0.190	0.010	0.040	0.060	0.200
Shrcr1	2162	0.380	0.160	0.090	0.250	0.380	0.500	0.770
Firmage	2162	2.030	0.790	0	1.610	2.300	2.640	3.090
Leverage	2162	0.480	0.210	0.070	0.320	0.490	0.640	0.970
Bsize	2162	2.200	0.180	1.610	2.200	2.200	2.200	2.710
PBR	2162	3.430	3.170	0.550	1.660	2.490	4.010	23.94

注：由于样本公司中 CEO、董事长和 CFO 各自的背景特征数据并不完整，以手工收集的公司预算数据作为 master data 分别与 CEO、董事长和 CFO 的背景特征数据进行匹配，得出各自样本的回归数据，因此这三类责任主体对应的回归样本数据观测值并不统一。

从每个 Panel 都可以看出,预算松弛(Slack)的 3/4 分位数大于 1,这表明至少有 25% 的观测样本存在预算松弛,意味着预算松弛现象在我国部分上市公司中是真实存在的,因此对上市公司高管的背景特征和预算松弛的关系展开研究是具有实际意义的。自变量中,预算责任主体的任期异质性较大,三种主体任期背景的标准差分别为 2.970、3.170、3.050。控制变量中,企业的成长性异质性较大,三个子样本的公司成长性指标的标准差分别为 3.110、3.170、3.430。CEO 子样本的背景特征为:平均年龄为 48 岁,95% 为男性,平均学历为本科至硕士的水平,有相关工作经历的人数占比为 14%,有社会属性的人数大概为 22%,平均任期为 3.08 年。董事长子样本的背景特征为:平均年龄为 52 岁,96% 为男性,平均学历为本科至硕士的水平,有相关工作经历的人数占比为 16%,有社会属性的人数大概为 50%,平均任期为 3.48年。CFO 子样本的背景特征为:平均年龄为 45 岁,74% 为男性,平均学历为本科至硕士的水平,有社会属性的人数大概为 7%,平均任期为 3.25 年。董事长和 CEO 子样本中,国有企业的比例均为 58%。CFO 子样本中,国有企业的比例为 55%。

(二)变量相关性分析

表 4-5 至表 4-7 分别为区分责任主体类别的子样本各研究变量之间的 Pearson 相关系数矩阵,分别列示了 CEO、董事长和 CFO 各自的背景特征变量与其他各研究变量之间的相关性。相关性分析中的所有连续型变量均经过了 1%~99% 的缩尾处理(Winsorize)。

表 4-5 为 CEO 子样本模型各变量间的相关系数矩阵,可以看出,CEO 的年龄、性别、任期均与预算松弛显著正相关,CEO 的社会属性与预算松弛显著负相关,假说 4.1 和假说 4.2 分别得到了支持。CEO 的学历和相关工作经历与预算松弛正相关但不显著。控制变量方面,公司股权性质、公司规模、公司盈利能力、股权集中度、公司年龄以及董事会规模均与预算松弛显著正相关;公司成长性与预算松弛显著负相关;公司的债务风险水平与预算松弛正相关但不显著。各自变量之间的相关性均较弱且相关系数均不大于 0.5,因此模型(4-1)各变量之间不存在严重的多重共线性问题,可以进行后面的回归检验。

表 4-5　CEO 子样本模型各变量间的 Pearson 相关系数矩阵 （N=2810）

Variables	(1)	(2)	(3)	(4)	(5)	(6)	(7)	(8)	(9)	(10)	(11)	(12)	(13)	(14)	(15)
Slack	1														
age	**0.041**	1													
gender	**0.039**	**0.039**	1												
degree	0.018	**-0.152**	0.017	1											
accback	0.046	**-0.042**	**-0.060**	**0.082**	1										
govern	**-0.047**	**0.053**	**-0.089**	0.026	0.003	1									
tenure	**0.046**	**0.232**	-0.005	-0.020	-0.007	**0.065**	1								
SOE	**0.106**	**0.146**	**0.102**	**0.149**	0.011	**-0.085**	-0.053	1							
Size	**0.064**	**0.132**	**0.063**	**0.188**	0.036	0.003	**0.130**	**0.295**	1						
ROA	0.044	0.008	**-0.035**	0.001	-0.033	0.064	-0.006	**-0.113**	0.000	1					
Shrcr1	**0.041**	0.016	0.014	**0.066**	-0.051	**-0.066**	**-0.095**	**0.225**	**0.267**	**0.061**	1				
Firmage	**0.031**	**0.108**	**0.048**	**0.110**	**0.103**	**-0.080**	**0.178**	**0.341**	**0.265**	**-0.190**	**-0.141**	1			
Leverage	0.001	0.009	**0.063**	**0.070**	0.004	**-0.060**	-0.029	**0.247**	**0.426**	**-0.430**	0.040	**0.365**	1		
Bsize	**0.035**	**0.061**	**0.101**	**0.069**	**-0.062**	0.014	0.034	**0.216**	**0.271**	0.012	0.033	0.082	**0.130**	1	
PBR	**-0.155**	**-0.091**	**-0.040**	0.000	0.000	**-0.043**	-0.053	**-0.114**	**-0.335**	0.066	**-0.095**	-0.016	0.015	**-0.073**	1

注：受篇幅限制，回归模型变量的 Pearson 相关系数矩阵的变量名行向量用数字替代，其分别对应的变量名为：Slack（1），age（2），gender（3），degree（4），accback（5），govern（6），tenure（7），SOE（8），Size（9），ROA（10），Shrcr1（11），Firmage（12），Leverage（13），Bsize（14），PBR（15）。表中系数若为加粗形式则表示该相关系数显著（显著水平未报告），若未加粗则表示该相关系数不显著。

表 4-6　董事长子样本模型各变量间的 Pearson 相关系数矩阵（N=2570）

Variables	(1)	(2)	(3)	(4)	(5)	(6)	(7)	(8)	(9)	(10)	(11)	(12)	(13)	(14)	(15)
Slack	1														
age	0.010	1													
gender	0.001	**0.070**	1												
degree	0.018	-0.229	-0.002	1											
accback	0.012	-0.131	-0.059	0.093	1										
govern	-0.013	0.118	-0.058	0.011	-0.009	1									
tenure	**0.061**	0.281	-0.009	-0.024	0.029	0.067	1								
SOE	**0.097**	-0.023	0.122	0.273	0.033	-0.134	-0.126	1							
Size	**0.070**	0.110	0.086	0.213	0.030	0.021	0.113	0.327	1						
ROA	**0.033**	0.054	-0.082	-0.047	-0.048	0.068	0.007	-0.145	-0.015	1					
Shrcr1	**0.045**	0.068	0.012	0.095	-0.046	-0.035	-0.108	0.232	0.286	0.053	1				
Firmage	**0.036**	0.051	0.048	0.136	0.067	-0.089	0.165	0.347	0.279	-0.193	-0.134	1			
Leverage	0.024	-0.040	0.031	0.142	0.052	-0.046	-0.016	0.247	0.449	-0.402	0.056	0.359	1		
Bsize	0.030	0.058	0.037	0.103	-0.052	0.023	-0.002	0.223	0.254	0.022	0.040	0.065	0.102	1	
PBR	**-0.144**	**-0.065**	-0.026	-0.018	0.017	-0.081	-0.030	-0.142	-0.335	0.068	-0.108	-0.028	0.004	-0.082	1

注：受篇幅限制，回归模型变量的 Pearson 相关系数矩阵中变量名行向量用数字替代，其分别对应的变量名为：Slack（1），age（2），gender（3），degree（4），accback（5），govern（6），tenure（7），SOE（8），ROA（9），Size（10），Shrcr1（11），Firmage（12），Leverage（13），Bsize（14），PBR（15）。表中系数若为加粗形式则表示该相关系数显著（显著水平未报告），若未加粗则表示该相关系数不显著。

预算责任主体特质与预算松弛及其经济影响研究

表 4-7　CFO 子样本模型各变量间的 Pearson 相关系数矩阵（N=2162）

Variables	(1)	(2)	(3)	(4)	(5)	(6)	(7)	(8)	(9)	(10)	(11)	(12)	(13)	(14)
Slack	1													
age	0.033	1												
gender	0.017	-0.041	1											
degree	-0.002	-0.211	0.081	1										
govern	0.020	0.085	-0.017	0.070	1									
tenure	0.038	0.232	0.046	-0.006	-0.013	1								
SOE	0.119	0.166	0.084	0.181	0.015	0.012	1							
Size	0.061	0.158	0.042	0.265	0.091	0.130	0.335	1						
ROA	0.080	-0.038	-0.034	0.036	0.039	-0.024	-0.125	-0.015	1					
Shrcr1	0.046	0.007	0.086	0.081	0.030	-0.025	0.244	0.285	0.030	1				
Firmage	0.024	0.109	0.027	0.125	-0.048	0.192	0.351	0.302	-0.200	-0.120	1			
Leverage	0.005	0.071	0.006	0.064	-0.043	0.005	0.275	0.442	-0.430	0.052	0.402	1		
Bsize	0.070	0.110	0.014	0.033	0.048	0.048	0.265	0.255	0.015	0.009	0.107	0.140	1	
PBR	-0.153	0.016	-0.083	-0.027	-0.067	-0.012	-0.107	-0.332	0.059	-0.108	0.013	0.014	-0.113	1

注：受篇幅限制，回归模型变量的 Pearson 相关变量名各行向量用数字替代，其分别对应的变量名为：Slack（1），age（2），gender（3），degree（4），govern（5），tenure（6），SOE（7），Size（8），ROA（9），Shrcr1（10），Firmage（11），Leverage（12），Bsize（13），PBR（14）。表中系数若为加粗形式则表示该相关系数显著（显著水平未报告），若未加粗则表示该相关系数不显著。

从表4-6可以看出，董事长的任期与预算松弛显著正相关，董事长的年龄、性别、学历以及相关工作经历均与预算松弛正相关但不显著，董事长的社会属性与预算松弛负相关但不显著。控制变量方面，公司股权性质、公司规模、公司盈利能力、股权集中度、公司年龄均与预算松弛显著正相关；公司成长性与预算松弛显著负相关；公司债务风险水平和公司董事会规模均与预算松弛正相关但不显著。各自变量之间的相关性均较弱且相关系数均不大于0.5，因此模型（4-3）各变量之间不存在严重的多重共线性问题，可以进行后面的回归检验。

表4-7为CFO子样本模型各变量间的相关系数矩阵，可以看出，CFO的任期与预算松弛显著正相关，CFO的年龄、性别和社会属性均与预算松弛正相关但不显著，CFO的学历与预算松弛负相关但不显著。控制变量方面，公司股权性质、公司规模、盈利能力、股权集中度以及董事会规模均与预算松弛显著正相关；公司成长性与预算松弛显著负相关；公司年龄和公司财务风险水平均与预算松弛正相关但不显著。各自变量之间的相关性均较弱且相关系数均不大于0.5，因此模型（4-4）各变量之间不存在严重的多重共线性问题，可以进行后面的回归检验。

（三）假说检验结果及分析

现对模型（4-2）至模型（4-4）进行回归，回归结果即假说4.1至假说4.4的检验情况。回归时先以各责任主体的单个背景特征作为自变量进行回归，再以所有背景特征都作为自变量进行回归。所有背景特征进行回归时先对全样本进行回归，再将样本分为国有企业和民营企业两个子样本分别进行回归。以上所有检验结果均列示在同一表格的不同Panel内。

1. 假说4.1、假说4.2的检验结果

假说4.1、假说4.2是关于CEO的个人背景特征与公司预算松弛之间的相关性，其检验结果由模型（4-2）的统计回归结果呈现，详情如表4-8所示。

表4-8 CEO的背景特征与预算松弛

Panel A: Single demographic traits of CEO correlate with slack						
Variables	Slack	Slack	Slack	Slack	Slack	Slack
CEO_age	0.012 (0.12)					

续表

Panel A: Single demographic traits of CEO correlate with slack

Variables	Slack	Slack	Slack	Slack	Slack	Slack
CEO_gender		0.084				
		(0.89)				
CEO_degree			−0.009			
			(−0.54)			
CEO_accback				0.044		
				(0.96)		
CEO_govern					−0.072 **	
					(−2.14)	
CEO_tenure						0.009
						(1.46)
SOE	0.119 ***	0.118 ***	0.142 ***	0.123 ***	0.094 **	0.122 ***
	(3.19)	(3.21)	(3.33)	(3.15)	(2.48)	(3.35)
Size	0.003	0.003	−0.018	−0.011	−0.013	0.002
	(0.14)	(0.15)	(−0.79)	(−0.49)	(−0.63)	(0.13)
ROA	0.580	0.584	1.238 ***	0.623	0.853 **	0.567
	(1.45)	(1.46)	(2.87)	(1.36)	(2.01)	(1.42)
Shrcr1	0.030	0.027	−0.041	0.058	0.083	0.038
	(0.33)	(0.29)	(−0.38)	(0.54)	(0.80)	(0.41)
Firmage	0.009	0.008	0.012	−0.003	−0.007	0.007
	(0.40)	(0.33)	(0.45)	(−0.10)	(−0.25)	(0.32)
Leverage	0.031	0.032	0.020	0.091	0.140	0.035
	(0.25)	(0.26)	(0.16)	(0.68)	(1.19)	(0.28)
Bsize	0.077	0.070	0.154 *	0.035	0.038	0.072
	(0.93)	(0.86)	(1.83)	(0.35)	(0.38)	(0.87)
PBR	−0.019 **	−0.019 **	−0.028 ***	−0.021 **	−0.022 **	−0.019 **
	(−2.36)	(−2.36)	(−3.11)	(−2.28)	(−2.52)	(−2.33)
Constant	0.223	0.200	0.565	1.211 **	1.021 **	0.276
	(0.42)	(0.46)	(1.18)	(2.55)	(2.14)	(0.64)
IndustryFE	Yes	Yes	Yes	Yes	Yes	Yes
YearFE	Yes	Yes	Yes	Yes	Yes	Yes
N	5307	5307	3866	4124	4025	5307
adj. R^2	0.073	0.073	0.095	0.072	0.069	0.073

Panel B: All demographic traits of CEO correlate with slack distinguished by SOE

Variables	Slack	Slack	Slack
	All	SOE = 1	SOE = 0
CEO_age	0.077	0.043	0.095
	(0.58)	(0.26)	(0.44)

续表

Panel B：All demographic traits of CEO correlate with slack distinguished by SOE

Variables	Slack	Slack	Slack
	All	SOE = 1	SOE = 0
CEO_gender	0.131	0.108	0.132
	(1.21)	(0.57)	(0.98)
CEO_degree	0.000	−0.002	0.007
	(0.02)	(−0.10)	(0.20)
CEO_accback	0.081*	0.085	0.055
	(1.94)	(1.63)	(0.71)
CEO_govern	−0.065*	0.027	−0.111*
	(−1.79)	(1.00)	(−1.71)
CEO_tenure	0.008	0.010**	0.013
	(1.15)	(2.08)	(0.84)
SOE	0.116***	Yes	Yes
	(2.78)	/	/
Size	−0.023	−0.040*	−0.029
	(−0.80)	(−1.77)	(−0.50)
ROA	1.462***	0.966*	2.033**
	(2.76)	(1.67)	(1.97)
Shrcr1	−0.034	0.119	−0.318
	(−0.30)	(1.02)	(−1.61)
Firmage	−0.012	0.008	0.009
	(−0.38)	(0.22)	(0.19)
Leverage	0.070	0.117	−0.021
	(0.47)	(0.77)	(−0.07)
Bsize	0.071	−0.024	0.275
	(0.69)	(−0.24)	(1.35)
PBR	−0.024**	−0.012	−0.038*
	(−2.49)	(−1.32)	(−1.89)
Constant	0.675	1.336*	0.243
	(0.95)	(1.65)	(0.19)
IndustryFE	Yes	Yes	Yes
YearFE	Yes	Yes	Yes
N	2810	1636	1174
adj. R^2	0.093	0.107	0.098

注：①括号内的 t 值是经过 White 异方差处理以及公司层面的聚群（Cluster）调整后的结果；②***、**、*分别表示在 1%、5%、10%的水平上显著。

从表 4-8 可以看出，在 Panel A 的单个背景特征与预算松弛的回归中，

CEO 的社会属性与预算松弛显著负相关（$\beta=-0.072$，$p<0.05$）。在 Panel B 的所有背景特征与预算松弛的全样本回归中，CEO 的社会属性与预算松弛显著负相关（$\beta=-0.065$，$p<0.1$），CEO 的相关工作经历背景与预算松弛显著正相关（$\beta=0.081$，$p<0.1$）。以上回归检验结果分别支持了假说 4.1 和假说 4.2。社会属性越强的 CEO 更不容易建立预算松弛，是因为其个人声誉和道德行为受到的监督更严格。实证检验结果还显示，当 CEO 拥有与财务或金融相关的工作经历时，他们更擅长分析和处理与财务相关的事务，此时 CEO 内心清楚自身的优势，他们在日常工作中会表现得更加自信且工作得心应手，因此他们更有能力也有机会在预算编制中建立更多的预算松弛以追求个人利益。

2. 假说 4.3 的检验结果

假说 4.3 是关于董事长的个人背景特征与公司预算松弛之间的相关性，其检验结果由模型（4-3）的统计回归结果呈现，详情如表 4-9 所示。

表 4-9　董事长的背景特征与预算松弛

Panel A: Single demographic traits of Board correlate with slack					
Variables	Slack	Slack	Slack	Slack	Slack	Slack
Boa_age	0.077 (0.77)					
Boa_gender		-0.097** (-2.02)				
Boa_degree			-0.007 (-0.43)			
Boa_accback				0.000 (0.01)		
Boa_govern					-0.015 (-0.75)	
Boa_tenure						0.012** (2.40)
SOE	0.119*** (3.27)	0.122*** (3.32)	0.107*** (3.00)	0.140*** (3.45)	0.094** (2.47)	0.127*** (3.43)
Size	0.009 (0.48)	0.010 (0.54)	-0.019 (-0.98)	-0.021 (-0.98)	-0.011 (-0.55)	0.009 (0.48)
ROA	0.442 (1.09)	0.443 (1.09)	0.852** (2.01)	0.857* (1.96)	0.907** (2.26)	0.409 (1.01)
Shrcr1	0.068 (0.75)	0.068 (0.74)	-0.062 (-0.62)	0.087 (0.80)	0.123 (1.21)	0.079 (0.87)

续表

Panel A：Single demographic traits of Board correlate with slack

Variables	Slack	Slack	Slack	Slack	Slack	Slack
Firmage	0.012	0.013	0.033	−0.008	0.002	0.010
	(0.52)	(0.58)	(1.48)	(−0.31)	(0.09)	(0.43)
Leverage	−0.042	−0.044	−0.009	0.135	0.107	−0.049
	(−0.33)	(−0.34)	(−0.07)	(1.11)	(0.91)	(−0.38)
Bsize	0.055	0.055	0.050	0.043	0.020	0.050
	(0.70)	(0.71)	(0.57)	(0.46)	(0.21)	(0.63)
PBR	−0.018**	−0.018**	−0.025***	−0.025***	−0.022***	−0.017**
	(−2.21)	(−2.26)	(−2.81)	(−2.84)	(−2.60)	(−2.16)
Constant	−0.115	0.239	0.793*	1.252**	0.782*	0.184
	(−0.21)	(0.55)	(1.77)	(2.54)	(1.70)	(0.42)
IndustryFE	Yes	Yes	Yes	Yes	Yes	Yes
YearFE	Yes	Yes	Yes	Yes	Yes	Yes
N	5348	5348	3908	3792	3983	5348
adj. R^2	0.076	0.076	0.090	0.076	0.071	0.076

Panel B：All demographic traits of Board correlate with slack distinguished by SOE

Variables	Slack	Slack	Slack
	All	SOE = 1	SOE = 0
Boa_age	−0.127	−0.312	−0.244
	(−0.85)	(−1.13)	(−1.30)
Boa_gender	−0.034	−0.146	0.028
	(−0.48)	(−0.95)	(0.31)
Boa_degree	−0.014	−0.026	−0.023
	(−0.69)	(−0.92)	(−0.90)
Boa_accback	−0.027	−0.071	0.011
	(−0.50)	(−0.98)	(0.15)
Boa_govern	−0.005	0.055*	−0.019
	(−0.22)	(1.87)	(−0.62)
Boa_tenure	0.019**	0.011	0.027**
	(2.53)	(1.27)	(2.21)
SOE	0.122***	Yes	Yes
	(2.68)	/	/
Size	−0.030	−0.026	−0.087*
	(−1.16)	(−1.12)	(−1.78)
ROA	1.420**	0.478	2.965***
	(2.43)	(0.65)	(2.99)
Shrcr1	−0.020	0.102	−0.112
	(−0.18)	(0.68)	(−0.61)

Panel B: All demographic traits of Board correlate with slack distinguished by SOE

Variables	Slack	Slack	Slack
	All	SOE = 1	SOE = 0
Firmage	−0. 004	−0. 013	0. 032
	(−0. 13)	(−0. 33)	(0. 65)
Leverage	0. 194	0. 209	0. 253
	(1. 34)	(1. 26)	(0. 91)
Bsize	−0. 053	−0. 136	0. 115
	(−0. 45)	(−0. 86)	(0. 68)
PBR	−0. 022 **	−0. 009	−0. 052 ***
	(−2. 30)	(−1. 02)	(−2. 78)
Constant	1. 872 **	2. 789 **	3. 607 ***
	(2. 57)	(2. 26)	(3. 40)
IndustryFE	Yes	Yes	Yes
YearFE	Yes	Yes	Yes
N	2570	1500	1070
adj. R^2	0. 081	0. 079	0. 097

注：①括号内的 t 值是经过 White 异方差处理以及公司层面的聚群（Cluster）调整后的结果；
②*** 、 ** 、 *分别表示在 1%、5%、10%的水平上显著。

从表 4-9 可以看出，在 Panel A 的单个背景特征与预算松弛的分别回归中，董事长的性别特征与预算松弛显著负相关（β = −0. 097，p<0. 05），以上回归检验结果支持了假说 4. 3。女性董事长在公司的经营活动中，常常偏好风险较小的投资项目，在选择公司的会计政策时一般较为谨慎。预算松弛有为公司的经营环境提供缓冲的功能，从以上实证结果来看，女性董事长相比男性董事长倾向于通过包含更多预算松弛的预算计划，以便公司能在较为宽松的环境中进行经营活动，且公司更不容易发生业绩大幅下跌的经营失败情况。

另外，企业的产权性质对董事长在日常经营和投资管理方面等的影响不容忽视（Lin et al. , 1998；Shleifer and Vishny, 1998；李焰等，2011；余明桂等，2013a），国有企业和民营企业在治理体制和激励机制方面存在差异。国有企业在追求经营收入最大化的目标外，常带有一定的社会责任，如维护市场稳定、稳定职工收入等。因此，国有企业和民营企业的董事长在预算编制中行为的倾向性可能存在不同的特点。从表 4-9 的 Panel B 中可以看出，国企董事长的社会属性与预算松弛显著正相关。原因可能是国有企业相比民营企业，本就带有一定的社会责任目标，除日常经营以获得最大利润的目标外，这类企业常常需要保证市场的稳定，使其业绩水平保持良好、平稳的状态。此时预算松弛可能是国有企业保持经营业绩稳定化的一种有效手段，董事长具有维持市场稳定、保持经营业绩良好的追求，他们会倾向于通过包含更多预算松弛的预算计划，保证公司经营业绩状态良好以抵御市场经济环境变化带来的冲击，保证其员工的收入水平。

3. 假说4.4 的检验结果

假说4.4 是关于 CFO 的个人背景特征与公司预算松弛之间的相关性，其检验结果由模型（4-4）的统计回归结果呈现，详情如表4-10 所示。

表4-10　CFO 的背景特征与预算松弛

Panel A：Single demographic traits of CFO correlate with slack				
Variables	Slack	Slack	Slack	Slack	Slack
CFO_age	0.105 (0.95)				
CFO_gender		−0.034 (−1.16)			
CFO_degree			−0.032* (−1.67)		
CFO_govern				0.011 (0.28)	
CFO_tenure					0.011** (2.06)
SOE	0.138*** (3.65)	0.143*** (3.69)	0.150*** (3.59)	0.129*** (3.27)	0.142*** (3.69)
Size	0.009 (0.42)	0.009 (0.44)	−0.032 (−1.45)	−0.019 (−0.97)	0.009 (0.46)
ROA	0.437 (0.95)	0.439 (0.96)	1.548*** (2.97)	0.902** (1.99)	0.411 (0.89)
Shrcr1	0.039 (0.41)	0.037 (0.39)	−0.135 (−1.17)	0.115 (1.11)	0.036 (0.37)
Firmage	0.021 (0.89)	0.022 (0.90)	0.026 (0.97)	0.008 (0.32)	0.019 (0.78)
Leverage	−0.071 (−0.50)	−0.074 (−0.53)	0.112 (0.82)	0.067 (0.55)	−0.077 (−0.54)
Bsize	0.103 (1.24)	0.107 (1.28)	0.167* (1.76)	0.043 (0.43)	0.102 (1.22)
PBR	−0.015* (−1.80)	−0.015* (−1.82)	−0.027*** (−2.75)	−0.021** (−2.42)	−0.014* (−1.74)

Panel A: Single demographic traits of CFO correlate with slack					
Variables	Slack	Slack	Slack	Slack	Slack
Constant	−0. 408 (−0. 62)	−0. 007 (−0. 02)	0. 763* (1. 80)	1. 048** (2. 42)	−0. 034 (−0. 08)
IndustryFE	Yes	Yes	Yes	Yes	Yes
YearFE	Yes	Yes	Yes	Yes	Yes
N	4661	4661	2849	3660	4661
adj. R²	0. 076	0. 076	0. 097	0. 073	0. 077

Panel B: All demographic traits of CFO correlate with slack distinguished by SOE

Variables	Slack	Slack	Slack
	All	SOE = 1	SOE = 0
CFO_age	0. 011 (0. 08)	0. 015 (0. 09)	−0. 212 (−0. 82)
CFO_gender	0. 020 (0. 46)	0. 001 (0. 01)	0. 073 (0. 97)
CFO_degree	−0. 023 (−1. 18)	−0. 007 (−0. 27)	−0. 031 (−0. 96)
CFO_govern	0. 002 (0. 05)	−0. 006 (−0. 15)	−0. 064 (−0. 64)
CFO_tenure	0. 005 (0. 71)	−0. 016 (−1. 53)	0. 033*** (2. 77)
SOE	0. 161*** (3. 52)	Yes /	Yes /
Size	−0. 040 (−1. 58)	−0. 032 (−1. 52)	−0. 078 (−1. 58)
ROA	2. 184*** (3. 19)	1. 728* (1. 92)	2. 980** (2. 56)
Shrcr1	−0. 038 (−0. 31)	−0. 034 (−0. 23)	−0. 123 (−0. 64)
Firmage	−0. 004 (−0. 16)	0. 020 (0. 61)	−0. 003 (−0. 07)
Leverage	0. 202 (1. 21)	0. 199 (0. 95)	0. 332 (1. 04)
Bsize	0. 100 (0. 91)	0. 155 (1. 34)	0. 073 (0. 35)
PBR	−0. 029** (−2. 41)	−0. 022* (−1. 78)	−0. 044** (−2. 23)
Constant	1. 221 (1. 58)	1. 220* (1. 65)	2. 984** (2. 03)

续表

Panel B: All demographic traits of CFO correlate with slack distinguished by SOE

Variables	Slack	Slack	Slack
	All	SOE = 1	SOE = 0
IndustryFE	Yes	Yes	Yes
YearFE	Yes	Yes	Yes
N	2162	1181	981
adj. R^2	0.099	0.121	0.083

注：①括号内的 t 值是经过 White 异方差处理以及公司层面的聚群（Cluster）调整后的结果；②＊＊＊、＊＊、＊分别表示在1%、5%、10%的水平上显著。

从表4-10可以看出，在 Panel A 的单个背景特征与预算松弛的分别回归中，CFO 的学历背景特征与预算松弛显著负相关（$\beta = -0.032$，$p < 0.1$），以上回归检验结果支持了假说4.4。CFO 的学历较高时，其所接受的社会道德观培养更加深刻，因此其个人道德感也更加强烈。当预算松弛被视为一种不诚实的现象时，高学历的 CFO 在预算编制中会尽可能地做到诚实或是保持"相对诚信"，而不刻意去建立预算松弛。

观察表4-8至表4-10中 Panel B 的第一列回归结果，从控制变量与预算松弛的相关性可以看出：①公司的所有权性质与预算松弛显著正相关。这说明国有企业的预算松弛程度相对于民营企业较高，原因是国企经营活动的目标常带有政治任务而不全是追求利益的最大化，这就需要国企编制更加宽松的预算计划以实现其目标。②公司短期盈利能力与预算松弛显著正相关。公司的经营业绩越好时，公司所制定的业绩目标越容易实现。预算编制计划内包含一定程度的预算松弛，对于公司提高其短期业绩水平是有效的。③公司成长性与预算松弛显著负相关。公司的成长机会越大，说明该公司处于快速发展的阶段，此时公司的经济业务增长率相对较高，其预算计划实施情况良好，所包含的预算松弛程度也较小，公司处于健康发展的状态。以上分析的控制变量与预算松弛的关系与已有研究的结论基本相符（雒敏，2010；潘飞和程明，2007；潘飞等，2008；谢盛纹和杨颖婷，2008）。

五、稳健性检验

（一）变量的替代性检验

1. 因变量的替代性检验

（1）预算松弛的重构指标之一。在对本章的模型进行回归检验时，用于测度预算松弛的方法是基于潘飞（2008）的研究所使用的方法，即用公司年报中的预算数据计算出其主营业务收入的增长率，再减去行业平均的主营业务收入增长率，并用自然数 1 去调整，该指标的大小可反映出预算松弛程度的大小且与其成正比。但预算松弛的测度方法并不是唯一的，郑石桥等（2008）对以上指标提出了不同的看法，其指出用 1 减去企业计划年度收入增长率与行业平均收入增长率之差有一定道理但较难理解，并提出可直接用前一年行业的主营业务收入实际增长率与公司当年的主营业务收入预算增长率之差来表示预算松弛。根据郑石桥等（2008）、雒敏（2010）的研究，本书现构造以下指标来重新测度公司的预算松弛：

$$\text{Slack}' = \hat{G}_{n-1} - \frac{(I_n^* - I_{n-1})}{I_{n-1}} \tag{4-5}$$

其中，I_n^* 表示企业年报中自愿披露的第 n 年主营业务收入预算数；I_{n-1} 表示企业第 n-1 年的主营业务收入实际值；$\hat{G}_{n-1}$ 表示第 n-1 年企业所处行业的平均主营业务收入增长率。

现利用重新构造的预算松弛测度指标（Slack'）作为替代性因变量对本章的研究假说重新进行回归检验，检验结果如表 4-11 至表 4-13 所示。在稳健性检验中，由于篇幅原因和对主要研究变量的考虑，模型中控制变量与因变量的相关系数未予报告（备索）。控制变量包括公司股权性质（SOE）、公司规模（Size）、公司股权集中度（Shrcr1）、公司年龄（Firmage）、债务风险水平（Leverage）、公司盈利能力（ROA）、公司成长性（PBR）、董事会规模（Bszie）。

从表 4-11 可以看出，在替换了因变量预算松弛的测度方法后，假说 4.1 和假说 4.2 的回归检验结果与原检验结果基本相同，自变量的回归系数和显著水平都一样，仅常数项相关系数稍微有所变化，假说 4.1 和假说 4.2 仍得到了支持。

表 4-11 因变量的替代性检验之指标一（CEO）

Panel A：Single demographic traits of CEO correlate with slack

Variables	Slack′	Slack′	Slack′	Slack′	Slack′	Slack′
CEO_age	0.012 (0.12)					
CEO_gender		0.084 (0.89)				
CEO_degree			−0.009 (−0.54)			
CEO_accback				0.044 (0.96)		
CEO_govern					−0.072** (−2.14)	
CEO_tenure						0.009 (1.46)
Constant	−0.777 (−1.48)	−0.800* (−1.84)	−0.435 (−0.91)	0.211 (0.45)	0.021 (0.04)	−0.724* (−1.68)
IndustryFE	Yes	Yes	Yes	Yes	Yes	Yes
YearFE	Yes	Yes	Yes	Yes	Yes	Yes
N	5307	5307	3866	4124	4025	5307
adj. R^2	0.073	0.073	0.095	0.072	0.069	0.073

Panel B：All demographic traits of CEO correlate with slack distinguished by SOE

Variables	Slack′	Slack′	Slack′
	All	SOE = 1	SOE = 0
CEO_age	0.077 (0.58)	0.043 (0.26)	0.095 (0.44)
CEO_gender	0.131 (1.21)	0.108 (0.57)	0.132 (0.98)
CEO_degree	0.000 (0.02)	−0.002 (−0.10)	0.007 (0.20)
CEO_accback	0.081* (1.94)	0.085 (1.63)	0.055 (0.71)
CEO_govern	−0.065* (−1.79)	0.027 (1.00)	−0.111* (−1.71)
CEO_tenure	0.008 (1.15)	0.010** (2.08)	0.013 (0.84)
Constant	−0.325 (−0.46)	0.336 (0.42)	−0.757 (−0.59)
IndustryFE	Yes	Yes	Yes
YearFE	Yes	Yes	Yes

Panel B: All demographic traits of CEO correlate with slack distinguished by SOE

Variables	Slack'	Slack'	Slack'
	All	SOE=1	SOE=0
N	2810	1636	1174
adj. R^2	0.093	0.107	0.098

注：①括号内的 t 值是经过 White 异方差处理以及公司层面的聚群（Cluster）调整后的结果；
②***、**、*分别表示在 1%、5%、10%的水平上显著。

表4-12 因变量的替代性检验之指标一（董事长）

Panel A: Single demographic traits of Board correlate with slack

Variables	Slack'	Slack'	Slack'	Slack'	Slack'	Slack'
Boa_age	0.077 (0.77)					
Boa_gender		−0.097** (−2.02)				
Boa_degree			−0.007 (−0.43)			
Boa_accback				0.000 (0.01)		
Boa_govern					−0.015 (−0.75)	
Boa_tenure						0.012** (2.40)
Constant	−1.115** (−1.99)	−0.761* (−1.75)	−0.207 (−0.46)	0.252 (0.51)	−0.218 (−0.47)	−0.816* (−1.88)
IndustryFE	Yes	Yes	Yes	Yes	Yes	Yes
YearFE	Yes	Yes	Yes	Yes	Yes	Yes
N	5348	5348	3908	3792	3983	5348
adj. R^2	0.076	0.076	0.090	0.076	0.071	0.076

Panel B: All demographic traits of Board correlate with slack distinguished by SOE

Variables	Slack'	Slack'	Slack'
	All	SOE=1	SOE=0
Boa_age	−0.127 (−0.85)	−0.312 (−1.13)	−0.244 (−1.30)
Boa_gender	−0.034 (−0.48)	−0.146 (−0.95)	0.028 (0.31)

Panel B: All demographic traits of Board correlate with slack distinguished by SOE

Variables	Slack′	Slack′	Slack′
	All	SOE = 1	SOE = 0
Boa_degree	−0.014	−0.026	−0.023
	(−0.69)	(−0.92)	(−0.90)
Boa_accback	−0.027	−0.071	0.011
	(−0.50)	(−0.98)	(0.15)
Boa_govern	−0.005	0.055*	−0.019
	(−0.22)	(1.87)	(−0.62)
Boa_tenure	0.019**	0.011	0.027**
	(2.53)	(1.27)	(2.21)
Constant	0.872	1.789	2.607**
	(1.20)	(1.45)	(2.46)
IndustryFE	Yes	Yes	Yes
YearFE	Yes	Yes	Yes
N	2570	1500	1070
adj. R^2	0.081	0.079	0.097

注：①括号内的 t 值是经过 White 异方差处理以及公司层面的聚群（Cluster）调整后的结果；②***、**、* 分别表示在 1%、5%、10%的水平上显著。

从表4-12可以看出，在替换了因变量预算松弛的测度方法后，假说4.3的回归检验结果与原检验结果基本相同，自变量的回归系数和显著水平都一样，仅常数项相关系数稍微有所变化，假说4.3仍得到了支持。

表4-13 因变量的替代性检验之指标一（CFO）

Panel A: Single demographic traits of CFO correlate with slack

Variables	Slack′	Slack′	Slack′	Slack′	Slack′
CFO_age	0.105				
	(0.95)				
CFO_gender		−0.034			
		(−1.16)			
CFO_degree			−0.032*		
			(−1.67)		
CFO_govern				0.011	
				(0.28)	
CFO_tenure					0.011**
					(2.06)

Panel A: Single demographic traits of CFO correlate with slack

Variables	Slack'	Slack'	Slack'	Slack'	Slack'
Constant	−1.408 ** (−2.13)	−1.007 ** (−2.30)	−0.237 (−0.56)	0.048 (0.11)	−1.034 ** (−2.38)
IndustryFE	Yes	Yes	Yes	Yes	Yes
YearFE	Yes	Yes	Yes	Yes	Yes
N	4661	4661	2849	3660	4661
adj. R^2	0.076	0.076	0.097	0.073	0.077

Panel B: All demographic traits of CFO correlate with slack distinguished by SOE

Variables	Slack'	Slack'	Slack'
	All	SOE = 1	SOE = 0
CFO_age	0.011 (0.08)	0.015 (0.09)	−0.212 (−0.82)
CFO_gender	0.020 (0.46)	0.001 (0.01)	0.073 (0.97)
CFO_degree	−0.023 (−1.18)	−0.007 (−0.27)	−0.031 (−0.96)
CFO_govern	0.002 (0.05)	−0.006 (−0.15)	−0.064 (−0.64)
CFO_tenure	0.005 (0.71)	−0.016 (−1.53)	0.033 *** (2.77)
Constant	0.221 (0.29)	0.220 (0.30)	1.984 (1.35)
IndustryFE	Yes	Yes	Yes
YearFE	Yes	Yes	Yes
N	2162	1181	981
adj. R^2	0.099	0.121	0.083

注：①括号内的 t 值是经过 White 异方差处理以及公司层面的聚群（Cluster）调整后的结果；②***、**、*分别表示在1%、5%、10%的水平上显著。

从表4-13可以看出，在替换了因变量预算松弛的测度方法后，假说4.4的回归检验结果与原检验结果基本相同，自变量的回归系数和显著水平都一样，仅常数项相关系数稍微有所变化，假说4.4仍得到了支持。

（2）预算松弛的重构指标之二。本书在利用郑石桥等（2008）、雒敏（2010）的研究方法构造出的预算松弛测度指标（Slack'）进行稳健性回归检验时，发现检验结果中各自变量回归系数与原回归结果相差微弱，原因可能是重新构造的预算松弛指标（Slack'）与原指标（Slack）实际数值相差1，回归结果也就相差无几。

考虑到原预算松弛指标的内涵实际上是通过比较公司主营业务收入的预计增长率与公司所处行业平均主营业务收入增长率的大小，来确定公司预算松弛程度的，为了使稳健性检验中因变量的替代性检验更加具有说服力，根据预算松弛指标构造的方式，现将行业平均主营业务收入增长率替换为分析师对公司主营业务收入预测数（sales forecast）的增长率，重新构造出一个预算松弛的测度指标（Slack″）如下：

$$\text{Slack}'' = \hat{A}_{n-1} - \frac{(I_n^* - I_{n-1})}{I_{n-1}} \tag{4-6}$$

其中，I_n^* 表示企业年报中自愿披露的第 n 年主营业务收入预算数；I_{n-1} 表示企业第 n-1 年的主营业务收入实际值；$\hat{A}_{n-1}$ 表示第 n-1 年企业的分析师对主营业务收入预测数的增长率。

现利用重新构造的预算松弛测度指标之二（Slack″）作为因变量的替代，对本章的研究假说重新进行回归检验，检验结果如表4-14至表4-16所示。在稳健性检验中，由于篇幅原因和对主要研究变量的考虑，模型中控制变量与因变量的相关系数未予报告（备索）。控制变量包括公司股权性质（SOE）、公司规模（Size）、公司股权集中度（Shrcr1）、公司年龄（Firmage）、债务风险水平（Leverage）、公司盈利能力（ROA）、公司成长性（PBR）、董事会规模（Bszie）。

表4-14 因变量的替代性检验之指标二（CEO）

Panel A：Single demographic traits of CEO correlate with slack

Variables	Slack″	Slack″	Slack″	Slack″	Slack″	Slack″
CEO_age	-0.003 (-0.03)					
CEO_gender		0.072 (0.83)				
CEO_degree			-0.011 (-0.68)			
CEO_accback				0.039 (0.94)		
CEO_govern					-0.070** (-2.24)	

Panel A: Single demographic traits of CEO correlate with slack						
Variables	Slack″	Slack″	Slack″	Slack″	Slack″	Slack″
CEO_tenure						0.007
						(1.33)
Constant	−0.417	−0.482	−0.050	0.234	0.057	−0.417
	(−0.87)	(−1.18)	(−0.12)	(0.52)	(0.13)	(−1.03)
IndustryFE	Yes	Yes	Yes	Yes	Yes	Yes
YearFE	Yes	Yes	Yes	Yes	Yes	Yes
N	5307	5307	3866	4124	4025	5307
adj. R^2	0.015	0.015	0.027	0.012	0.012	0.015

Panel B: All demographic traits of CEO correlate with slack distinguished by SOE			
Variables	Slack″	Slack″	Slack″
	All	SOE = 1	SOE = 0
CEO_age	0.085	0.075	0.088
	(0.70)	(0.49)	(0.45)
CEO_gender	0.114	0.095	0.118
	(1.15)	(0.57)	(0.95)
CEO_degree	0.001	−0.002	0.009
	(0.08)	(−0.13)	(0.31)
CEO_accback	0.082**	0.081*	0.067
	(2.15)	(1.71)	(0.94)
CEO_govern	−0.064*	0.020	−0.107*
	(−1.88)	(0.78)	(−1.79)
CEO_tenure	0.006	0.007	0.012
	(1.03)	(1.56)	(0.92)
Constant	0.114	0.095	0.118
	(1.15)	(0.57)	(0.95)
IndustryFE	Yes	Yes	Yes
YearFE	Yes	Yes	Yes
N	2810	1636	1174
adj. R^2	0.025	0.008	0.065

注：①括号内的 t 值是经过 White 异方差处理以及公司层面的聚群（Cluster）调整后的结果；②***、**、*分别表示在1%、5%、10%的水平上显著。

从表4-14可以看出，在采用预算松弛重构指标之二作为因变量的替代性变量后，关于CEO的背景特征与公司当年预算松弛的关系如 Panel B 中第一列结果所示，假说4.1和假说4.2仍然成立。

表 4-15　因变量的替代性检验之指标二（董事长）

Panel A：Single demographic traits of Board correlate with slack

Variables	Slack″	Slack″	Slack″	Slack″	Slack″	Slack″
Boa_age	0.051 (0.55)					
Boa_gender		−0.087* (−1.89)				
Boa_degree			−0.004 (−0.28)			
Boa_accback				0.001 (0.03)		
Boa_govern					−0.012 (−0.67)	
Boa_tenure						0.011** (2.41)
Constant	−0.600 (−1.21)	−0.347 (−0.87)	0.095 (0.23)	0.254 (0.54)	−0.015 (−0.04)	−0.397 (−1.00)
IndustryFE	Yes	Yes	Yes	Yes	Yes	Yes
YearFE	Yes	Yes	Yes	Yes	Yes	Yes
N	5348	5348	3908	3792	3983	5348
adj. R^2	0.016	0.017	0.020	0.015	0.012	0.017

Panel B：All demographic traits of Board correlate with slack distinguished by SOE

Variables	Slack″ All	Slack″ SOE=1	Slack″ SOE=0
Boa_age	−0.100 (−0.72)	−0.259 (−1.02)	−0.206 (−1.16)
Boa_gender	−0.031 (−0.49)	−0.110 (−0.84)	0.018 (0.22)
Boa_degree	−0.012 (−0.65)	−0.029 (−1.10)	−0.015 (−0.63)
Boa_accback	−0.025 (−0.50)	−0.058 (0.86)	0.008 (0.11)
Boa_govern	−0.006 (−0.28)	0.052* (1.90)	−0.020 (−0.68)
Boa_tenure	0.018*** (2.62)	0.011 (1.34)	0.026** (2.29)
Constant	0.637 (0.92)	1.377 (1.22)	2.116** (2.11)
IndustryFE	Yes	Yes	Yes
YearFE	Yes	Yes	Yes

Panel B：All demographic traits of Board correlate with slack distinguished by SOE

Variables	Slack″	Slack″	Slack″
	All	SOE = 1	SOE = 0
N	2570	1500	1070
adj. R^2	0.017	0.004	0.051

注：①括号内的 t 值是经过 White 异方差处理以及公司层面的聚群（Cluster）调整后的结果；②＊＊＊、＊＊、＊分别表示在 1%、5%、10% 的水平上显著。

从表 4-15 可以看出，在采用预算松弛重构指标之二作为因变量的替代性变量后，关于董事长的背景特征与公司当年预算松弛的关系如 Panel A 中第二列结果所示，假说 4.3 仍然成立。

表 4-16　因变量的替代性检验之指标二（CFO）

Panel A：Single demographic traits of CFO correlate with slack

Variables	Slack″	Slack″	Slack″	Slack″	Slack″
CFO_age	0.064 (0.65)				
CFO_gender		−0.031 (−1.12)			
CFO_degree			−0.027 (−1.48)		
CFO_govern				0.001 (0.04)	
CFO_tenure					0.010 ** (2.09)
Constant	−0.753 (−1.28)	−0.501 (−1.26)	0.269 (0.71)	0.097 (0.24)	−0.526 (−1.34)
IndustryFE	Yes	Yes	Yes	Yes	Yes
YearFE	Yes	Yes	Yes	Yes	Yes
N	4661	4661	2849	3660	4661
adj. R^2	0.018	0.019	0.035	0.016	0.019

Panel B：All demographic traits of CFO correlate with slack distinguished by SOE

Variables	Slack″	Slack″	Slack″
	All	SOE = 1	SOE = 0
CFO_age	−0.004 (−0.03)	−0.022 (−0.15)	−0.201 (−0.83)

Panel B: All demographic traits of CFO correlate with slack distinguished by SOE

Variables	Slack″	Slack″	Slack″
	All	SOE = 1	SOE = 0
CFO_gender	0.016	−0.012	0.074
	(0.40)	(−0.28)	(1.06)
CFO_degree	−0.023	−0.004	−0.034
	(−1.22)	(−0.18)	(−1.11)
CFO_govern	−0.006	−0.018	−0.064
	(−0.14)	(−0.47)	(−0.69)
CFO_tenure	0.005	−0.013	0.029**
	(0.76)	(−1.35)	(2.58)
Constant	0.443	0.396	1.752
	(0.62)	(0.56)	(1.28)
IndustryFE	Yes	Yes	Yes
YearFE	Yes	Yes	Yes
N	2162	1181	981
adj. R^2	0.039	0.022	0.052

注：①括号内的 t 值是经过 White 异方差处理以及公司层面的聚群（Cluster）调整后的结果；
②***、**、* 分别表示在 1%、5%、10%的水平上显著。

从表 4-16 可以看出，在采用预算松弛重构指标之二作为因变量的替代性变量后，CFO 的学历特征与预算松弛负相关但不显著，假说 4.4 未得到支持。

2. 控制变量的替代性检验

在对公司的盈利能力进行控制时选择的变量为资产回报率（ROA），而公司盈利能力与公司业绩水平为相同概念，参考陈超和饶育蕾（2003）、姜付秀和张衡（2006）的研究，现选取公司的净资产回报率（ROE）作为替代性变量进行稳健性检验，本章所有研究模型重新回归的结果如表 4-17 至表 4-19 所示。

表 4-17 控制变量的替代性检验（CEO）

Panel A: Single demographic traits of CEO correlate with slack

Variables	Slack	Slack	Slack	Slack	Slack	Slack
CEO_age	0.013					
	(0.13)					
CEO_gender		0.083				
		(0.88)				

续表

Panel A: Single demographic traits of CEO correlate with slack

Variables	Slack	Slack	Slack	Slack	Slack	Slack
CEO_degree			−0.010			
			(−0.59)			
CEO_accback				0.042		
				(0.94)	·	
CEO_govern					−0.072**	
					(−2.14)	
CEO_tenure						0.009
						(1.50)
Constant	0.100	0.082	0.263	1.098**	0.812*	0.160
	(0.19)	(0.19)	(0.54)	(2.31)	(1.65)	(0.38)
IndustryFE	Yes	Yes	Yes	Yes	Yes	Yes
YearFE	Yes	Yes	Yes	Yes	Yes	Yes
N	5307	5307	3866	4124	4025	5307
adj. R^2	0.072	0.072	0.091	0.071	0.067	0.073

Panel B: All demographic traits of CEO correlate with slack distinguished by SOE

Variables	Slack	Slack	Slack
	All	SOE=1	SOE=0
CEO_age	0.083	0.042	0.115
	(0.62)	(0.26)	(0.54)
CEO_gender	0.133	0.113	0.130
	(1.20)	(0.59)	(0.96)
CEO_degree	−0.000	−0.004	0.008
	(−0.01)	(−0.18)	(0.25)
CEO_accback	0.076*	0.079	0.057
	(1.81)	(1.54)	(0.73)
CEO_govern	−0.066*	0.029	−0.113*
	(−1.79)	(1.08)	(−1.75)
CEO_tenure	0.009	0.011**	0.014
	(1.28)	(2.21)	(0.94)
Constant	0.260	1.068	−0.157
	(0.36)	(1.27)	(−0.13)
IndustryFE	Yes	Yes	Yes
YearFE	Yes	Yes	Yes
N	2810	1636	1174
adj. R^2	0.087	0.103	0.093

注：①括号内的 t 值是经过 White 异方差处理以及公司层面的聚群（Cluster）调整后的结果；
②***、**、*分别表示在 1%、5%、10%的水平上显著。

从表4-17可以看出，在总体特征回归检验中，CEO 的相关工作经历特征与社会属性特征与预算松弛的相关性未发生变化且显著。另外，在单个特征的回归检验中，CEO 的社会属性特征与预算松弛的相关系数也与原假说检验一致。CEO 子样本的控制变量替换性回归检验结果支持了假说4.1和假说4.2。

表4-18　控制变量的替代性检验（董事长）

Panel A：Single demographic traits of Board correlate with slack

Variables	Slack	Slack	Slack	Slack	Slack	Slack
Boa_age	0.079					
	(0.80)					
Boa_gender		−0.097**				
		(−2.02)				
Boa_degree			−0.007			
			(−0.48)			
Boa_accback				0.001		
				(0.01)		
Boa_govern					−0.014	
					(−0.70)	
Boa_tenure						0.012**
						(2.43)
Constant	−0.178	0.183	0.566	1.042**	0.588	0.133
	(−0.34)	(0.44)	(1.25)	(2.05)	(1.24)	(0.32)
IndustryFE	Yes	Yes	Yes	Yes	Yes	Yes
YearFE	Yes	Yes	Yes	Yes	Yes	Yes
N	5348	5348	3908	3792	3983	5348
adj. R^2	0.075	0.076	0.087	0.074	0.069	0.076

Panel B：All demographic traits of Board correlate with slack distinguished by SOE

Variables	Slack	Slack	Slack
	All	SOE = 1	SOE = 0
Boa_age	−0.119	−0.308	−0.204
	(−0.80)	(−1.11)	(−1.11)
Boa_gender	−0.048	−0.149	0.012
	(−0.67)	(−0.97)	(0.13)
Boa_degree	−0.015	−0.025	−0.028
	(−0.74)	(−0.90)	(−1.07)
Boa_accback	−0.030	−0.071	0.015
	(−0.55)	(−1.00)	(0.20)
Boa_govern	−0.007	0.056*	−0.027
	(−0.29)	(1.88)	(−0.83)

续表

Panel B：All demographic traits of Board correlate with slack distinguished by SOE

Variables	Slack	Slack	Slack
	All	SOE = 1	SOE = 0
Boa_tenure	0. 021 ***	0. 012	0. 030 **
	(2. 77)	(1. 39)	(2. 32)
Constant	1. 496 **	2. 640 **	2. 855 **
	(2. 05)	(2. 12)	(2. 50)
IndustryFE	Yes	Yes	Yes
YearFE	Yes	Yes	Yes
N	2570	1500	1070
adj. R^2	0. 075	0. 078	0. 080

注：①括号内的 t 值是经过 White 异方差处理以及公司层面的聚群（Cluster）调整后的结果；②***、**、*分别表示在 1%、5%、10%的水平上显著。

从表 4-18 可以看出，董事长的性别特征与预算松弛的相关性未发生变化且显著。另外，在国有企业子样本中，董事长社会属性与预算松弛的相关系数也与原假说检验结果一致。董事长子样本的控制变量替换性回归检验结果支持了假说4.3。

表 4-19 控制变量的替代性检验（CFO）

Panel A：Single demographic traits of CFO correlate with slack

Variables	Slack	Slack	Slack	Slack	Slack
CFO_age	0. 107				
	(0. 97)				
CFO_gender		−0. 034			
		(−1. 15)			
CFO_degree			−0. 032 *		
			(−1. 65)		
CFO_govern				0. 009	
				(0. 22)	
CFO_tenure					0. 011 **
					(2. 12)
Constant	−0. 470	−0. 064	0. 372	0. 838 *	−0. 088
	(−0. 72)	(−0. 15)	(0. 81)	(1. 85)	(−0. 21)
IndustryFE	Yes	Yes	Yes	Yes	Yes
YearFE	Yes	Yes	Yes	Yes	Yes

续表

Panel A：Single demographic traits of CFO correlate with slack

Variables	Slack	Slack	Slack	Slack	Slack
N	4661	4661	2849	3660	4661
adj. R^2	0.076	0.076	0.091	0.071	0.076

Panel B：All demographic traits of CFO correlate with slack distinguished by SOE

Variables	Slack	Slack	Slack
	All	SOE = 1	SOE = 0
CFO_age	−0.005	−0.001	−0.224
	(−0.04)	(−0.01)	(−0.87)
CFO_gender	0.017	−0.004	0.072
	(0.40)	(−0.08)	(0.96)
CFO_degree	−0.024	−0.010	−0.027
	(−1.19)	(−0.41)	(−0.86)
CFO_govern	−0.007	−0.010	−0.075
	(−0.14)	(−0.24)	(−0.76)
CFO_tenure	0.007	−0.015	0.034 ***
	(0.91)	(−1.38)	(2.84)
Constant	0.772	0.892	2.418
	(0.95)	(1.13)	(1.44)
IndustryFE	Yes	Yes	Yes
YearFE	Yes	Yes	Yes
N	2162	1181	981
adj. R^2	0.087	0.110	0.071

注：①括号内的 t 值是经过 White 异方差处理以及公司层面的聚群（Cluster）调整后的结果；②***、**、*分别表示在1%、5%、10%的水平上显著。

从表4-19可以看出，在单个特征的回归检验中，CFO 的学历特征与预算松弛的相关性未发生变化且显著，CFO 子样本的控制变量替换性回归检验结果支持了假说4.4。

（二）更换样本研究期间

2007 年 1 月 1 日，我国开始实行新会计准则，之后公司的日常会计处理发生了较大变化，制度环境也发生剧变。会计准则的变革对企业行为有显著的影响，企业的财务行为和业绩评价等都会发生变化（张先治等，2014）。会计准则影响了企业的财务报告行为，而会计报告会影响管理者在企业内的决策行为（Zeff, 1978），管理者在预算编制内的选择可能会有所变化。为了过滤新旧会计准则替换引起的管理者行为特征的变化可能对原假说回归结果产生的影响，现将样本研究期间修改为 2007~2015 年，重新对本章所有假说进行稳健性回归检验，主要自变量的回归结果如表 4-20 至表 4-22 所示。

表 4-20 修改样本研究期间的回归结果（CEO）

Panel A：Single demographic traits of CEO correlate with slack

Variables	Slack	Slack	Slack	Slack	Slack	Slack
CEO_age	0.043 (0.41)					
CEO_gender		0.063 (0.69)				
CEO_degree			−0.008 (−0.48)			
CEO_accback				0.043 (1.01)		
CEO_govern					−0.070 ** (−2.20)	
CEO_tenure						0.008 (1.48)
Constant	0.872 (1.62)	0.978 ** (2.14)	1.413 *** (2.92)	1.434 *** (3.14)	0.995 ** (2.18)	1.041 ** (2.30)
IndustryFE	Yes	Yes	Yes	Yes	Yes	Yes
YearFE	Yes	Yes	Yes	Yes	Yes	Yes
N	4599	4599	3267	4121	4025	4599
adj. R^2	0.085	0.085	0.114	0.079	0.076	0.085

Panel B：All demographic traits of CEO correlate with slack distinguished by SOE

Variables	Slack	Slack	Slack
	All	SOE = 1	SOE = 0
CEO_age	0.073 (0.59)	0.047 (0.30)	0.084 (0.42)
CEO_gender	0.113 (1.14)	0.088 (0.51)	0.115 (0.93)
CEO_degree	0.000 (0.03)	−0.001 (−0.07)	0.005 (0.16)
CEO_accback	0.078 * (1.95)	0.086 * (1.74)	0.050 (0.67)
CEO_govern	−0.064 * (−1.86)	0.024 (0.90)	−0.107 * (−1.75)

续表

Panel B：All demographic traits of CEO correlate with slack distinguished by SOE

Variables	Slack	Slack	Slack
	All	SOE = 1	SOE = 0
CEO_tenure	0.008	0.010**	0.012
	(1.19)	(2.10)	(0.86)
Constant	0.659	1.279	0.254
	(0.96)	(1.65)	(0.20)
IndustryFE	Yes	Yes	Yes
YearFE	Yes	Yes	Yes
N	2810	1636	1174
adj. R^2	0.100	0.117	0.102

注：①括号内的 t 值是经过 White 异方差处理以及公司层面的聚群（Cluster）调整后的结果；
② ***、**、*分别表示在1%、5%、10%的水平上显著。

从表4-20可以看出，在 Panel A 的单个背景特征与预算松弛的分别回归中，CEO 的社会属性特征与预算松弛显著负相关（$\beta = -0.070$，$p < 0.05$）。在 Panel B 的所有背景特征与预算松弛的全样本回归中，CEO 的相关工作经历背景特征与预算松弛显著正相关（$\beta = 0.078$，$p < 0.1$），CEO 的社会属性特征与预算松弛显著负相关（$\beta = -0.064$，$p < 0.1$），更换样本研究期间的稳健性检验结果仍然支持了假说4.1和假说4.2。

表4-21 修改样本研究期间的回归结果（董事长）

Panel A：Single demographic traits of Board correlate with slack

Variables	Slack	Slack	Slack	Slack	Slack	Slack
Boa_age	0.074					
	(0.71)					
Boa_gender		-0.091*				
		(-1.65)				
Boa_degree			-0.010			
			(-0.62)			
Boa_accback				0.002		
				(0.04)		
Boa_govern					-0.013	
					(-0.71)	
Boa_tenure						0.012**
						(2.53)

续表

Panel A: Single demographic traits of Board correlate with slack

Variables	Slack	Slack	Slack	Slack	Slack	Slack
Constant	0.616 (1.06)	0.951** (2.08)	1.404*** (2.88)	1.215*** (2.58)	0.756* (1.71)	0.917** (2.01)
IndustryFE	Yes	Yes	Yes	Yes	Yes	Yes
YearFE	Yes	Yes	Yes	Yes	Yes	Yes
N	4642	4642	3335	3792	3983	4642
adj. R^2	0.087	0.088	0.101	0.083	0.078	0.088

Panel B: All demographic traits of Board correlate with slack distinguished by SOE

Variables	Slack	Slack	Slack
	All	SOE = 1	SOE = 0
Boa_age	−0.103 (−0.72)	−0.275 (−1.06)	−0.221 (−1.23)
Boa_gender	−0.027 (−0.39)	−0.132 (−0.89)	0.032 (0.38)
Boa_degree	−0.013 (−0.67)	−0.025 (−0.94)	−0.022 (−0.88)
Boa_accback	−0.024 (−0.46)	−0.065 (−0.96)	0.013 (0.18)
Boa_govern	−0.004 (−0.21)	0.054* (1.90)	−0.019 (−0.65)
Boa_tenure	0.017** (2.50)	0.010 (1.26)	0.025** (2.16)
Constant	1.713** (2.46)	2.586** (2.24)	3.443*** (3.39)
IndustryFE	Yes	Yes	Yes
YearFE	Yes	Yes	Yes
N	2570	1500	1070
adj. R^2	0.088	0.088	0.103

注：①括号内的 t 值是经过 White 异方差处理以及公司层面的聚群（Cluster）调整后的结果；②***、**、*分别表示在1%、5%、10%的水平上显著。

从表4-21可以看出，在 Panel A 的单个背景特征与预算松弛的分别回归中，董事长的性别特征与预算松弛显著负相关（β=−0.091，p<0.1），更换样本研究期间的稳健性检验仍然支持了假说4.3。

表 4-22　修改样本研究期间的回归结果（CFO）

Panel A：Single demographic traits of CFO correlate with slack

Variables	Slack	Slack	Slack	Slack	Slack
CFO_age	0.037				
	(0.33)				
CFO_gender		−0.021			
		(−0.70)			
CFO_degree			−0.035*		
			(−1.70)		
CFO_govern				0.012	
				(0.31)	
CFO_tenure					0.010**
					(2.02)
Constant	0.651	0.792*	1.578***	1.020**	0.782*
	(0.98)	(1.73)	(3.71)	(2.48)	(1.72)
IndustryFE	Yes	Yes	Yes	Yes	Yes
YearFE	Yes	Yes	Yes	Yes	Yes
N	4086	4086	2448	3660	4086
adj. R^2	0.090	0.090	0.117	0.080	0.091

Panel B：All demographic traits of CFO correlate with slack distinguished by SOE

Variables	Slack	Slack	Slack
	All	SOE = 1	SOE = 0
CFO_age	0.013	0.012	−0.204
	(0.09)	(0.08)	(−0.81)
CFO_gender	0.017	−0.003	0.068
	(0.41)	(−0.06)	(0.97)
CFO_degree	−0.022	−0.007	−0.028
	(−1.14)	(−0.28)	(−0.91)
CFO_govern	0.004	−0.006	−0.056
	(0.08)	(−0.14)	(−0.60)
CFO_tenure	0.006	−0.015	0.032***
	(0.84)	(−1.47)	(2.82)
Constant	1.157	1.166	2.879**
	(1.59)	(1.64)	(2.06)
IndustryFE	Yes	Yes	Yes
YearFE	Yes	Yes	Yes
N	2162	1181	981
adj. R^2	0.106	0.132	0.088

注：①括号内的 t 值是经过 White 异方差处理以及公司层面的聚群（Cluster）调整后的结果；
②***、**、*分别表示在 1%、5%、10%的水平上显著。

从表4-22可以看出，在 Panel A 的单个背景特征与预算松弛的分别回归中，CFO 的学历背景特征与预算松弛显著负相关（β=-0.035，p<0.1），更换样本研究期间的稳健性检验结果仍然支持了假说4.4。

（三）样本数据缩尾检验

在模型的回归检验中，对研究模型内的连续型变量都进行了1%～99%的缩尾处理（Winsorize），以避免极端值对回归结果的影响。现在对原样本数据进行更严格的缩尾处理，即对模型内的连续型变量重新进行5%～95%的缩尾处理（Winsorize），然后重新进行回归检验以验证原回归结果的稳健性，模型（4-1）至模型（4-3）主要自变量的回归结果如表4-23至表4-25所示。

表4-23　样本数据重新缩尾后的回归结果（CEO）

Panel A：Single demographic traits of CEO correlate with slack

Variables	Slack	Slack	Slack	Slack	Slack	Slack
CEO_age	-0.002 (-0.06)					
CEO_gender		0.008 (0.29)				
CEO_degree			0.001 (0.19)			
CEO_accback				0.031* (1.93)		
CEO_govern					-0.023** (-2.03)	
CEO_tenure						0.002 (1.01)
Constant	0.702*** (2.89)	0.687*** (3.65)	0.767*** (3.75)	1.122*** (5.31)	0.893*** (4.06)	0.695*** (3.72)
IndustryFE	Yes	Yes	Yes	Yes	Yes	Yes
YearFE	Yes	Yes	Yes	Yes	Yes	Yes
N	5307	5307	3866	4124	4025	5307
adj. R^2	0.236	0.236	0.272	0.250	0.245	0.237

Panel B：All demographic traits of CEO correlate with slack distinguished by SOE

Variables	Slack	Slack	Slack
	All	SOE=1	SOE=0
CEO_age	0.013 (0.24)	0.031 (0.41)	-0.054 (-0.66)

Panel B：All demographic traits of CEO correlate with slack distinguished by SOE

Variables	Slack	Slack	Slack
	All	SOE = 1	SOE = 0
CEO_gender	0.012	−0.041	0.012
	(0.42)	(−1.00)	(0.35)
CEO_degree	0.006	0.006	−0.000
	(0.69)	(0.66)	(−0.02)
CEO_accback	0.027	0.044 **	0.004
	(1.38)	(1.99)	(0.13)
CEO_govern	−0.023 *	0.003	−0.030
	(−1.82)	(0.23)	(−1.63)
CEO_tenure	0.004	0.003	0.007
	(1.38)	(0.93)	(1.32)
Constant	0.938 ***	1.053 **	1.271 **
	(2.86)	(2.47)	(2.46)
IndystryFE	Yes	Yes	Yes
YearFE	Yes	Yes	Yes
N	2810	1636	1174
adj. R^2	0.284	0.325	0.228

注：①括号内的 t 值是经过 White 异方差处理以及公司层面的聚群（Cluster）调整后的结果；
② *** 、 ** 、 * 分别表示在1%、5%、10%的水平上显著。

从表4-23 的 Panel A 可以看出，CEO 的社会属性与预算松弛显著负相关，CEO 的相关工作经历与预算松弛显著正相关。此结果分别支持了假说 4.1 和假说 4.2，故原回归结果是稳健的。

表4-24　样本数据重新缩尾后的回归结果（董事长）

Panel A：Single demographic traits of Board correlate with slack

Variables	Slack	Slack	Slack	Slack	Slack	Slack
Boa_age	0.018					
	(0.42)					
Boa_gender		−0.009				
		(−0.32)				
Boa_degree			0.003			
			(0.47)			
Boa_accback				0.008		
				(0.53)		

Panel A: Single demographic traits of Board correlate with slack

Variables	Slack	Slack	Slack	Slack	Slack	Slack
Boa_govern					-0.004	
					(-0.46)	
Boa_tenure						0.002
						(0.93)
Constant	0.579 **	0.652 ***	0.830 ***	1.007 ***	0.678 ***	0.648 ***
	(2.41)	(3.44)	(3.73)	(4.43)	(2.98)	(3.44)
IndustryFE	Yes	Yes	Yes	Yes	Yes	Yes
YearFE	Yes	Yes	Yes	Yes	Yes	Yes
N	5348	5348	3908	3792	3983	5348
adj. R^2	0.236	0.236	0.267	0.252	0.246	0.236

Panel B: All demographic traits of Board correlate with slack distinguished by SOE

Variables	Slack	Slack	Slack
	All	SOE = 1	SOE = 0
Boa_age	0.052	0.007	-0.030
	(0.70)	(0.07)	(-0.32)
Boa_gender	0.049	-0.034	0.083 *
	(1.22)	(-0.33)	(1.91)
Boa_degree	0.005	0.000	-0.002
	(0.48)	(0.00)	(-0.17)
Boa_accback	-0.011	-0.029	0.011
	(-0.60)	(-1.25)	(0.34)
Boa_govern	-0.000	0.014	0.000
	(-0.04)	(1.08)	(0.03)
Boa_tenure	0.004	0.002	0.006
	(1.39)	(0.54)	(1.19)
Constant	0.652 *	0.795	2.113 ***
	(1.67)	(1.59)	(3.72)
IndustryFE	Yes	Yes	Yes
YearFE	Yes	Yes	Yes
N	2570	1500	1070
adj. R^2	0.275	0.288	0.257

注：①括号内的 t 值是经过 White 异方差处理以及公司层面的聚群（Cluster）调整后的结果；②***、**、*分别表示在1%、5%、10%的水平上显著。

从表4-24可以看出，董事长的性别特征与预算松弛没有明显的相关性，假说4.3未得到支持。

表4-25 样本数据重新缩尾后的回归结果（CFO）

Panel A：Single demographic traits of CFO correlate with slack

Variables	Slack	Slack	Slack	Slack	Slack
CFO_age	0.061				
	(1.53)				
CFO_gender		-0.004			
		(-0.38)			
CFO_degree			-0.009		
			(-1.15)		
CFO_govern				0.012	
				(0.53)	
CFO_tenure					0.006**
					(2.53)
Constant	0.414*	0.635***	0.865***	0.954***	0.630***
	(1.71)	(3.33)	(4.11)	(4.41)	(3.33)
IndustryFE	Yes	Yes	Yes	Yes	Yes
YearFE	Yes	Yes	Yes	Yes	Yes
N	4661	4661	2849	3660	4661
adj. R^2	0.238	0.238	0.286	0.249	0.239

Panel B：All demographic traits of CFO correlate with slack distinguished by SOE

Variables	Slack	Slack	Slack
	All	SOE=1	SOE=0
CFO_age	0.092	0.017	0.046
	(1.43)	(0.20)	(0.48)
CFO_gender	-0.007	-0.017	0.022
	(-0.41)	(-0.76)	(0.87)
CFO_degree	-0.005	-0.013	0.004
	(-0.50)	(-1.06)	(0.27)
CFO_govern	-0.011	-0.026	-0.019
	(-0.46)	(-1.02)	(-0.56)
CFO_tenure	0.004	-0.002	0.011**
	(1.18)	(-0.54)	(2.13)
Constant	0.721**	1.011**	1.595***
	(2.24)	(2.38)	(3.07)
IndustryFE	Yes	Yes	Yes
YearFE	Yes	Yes	Yes
N	2162	1181	981
adj. R^2	0.301	0.326	0.262

注：①括号内的 t 值是经过 White 异方差处理以及公司层面的聚群（Cluster）调整后的结果；②***、**、*分别表示在1%、5%、10%的水平上显著。

从表4-25的 Panel A 可以看出，CFO 的学历特征与预算松弛负相关但不显著，假说4.4未得到支持。

六、本章小结

本章探究了具有不同背景特征的预算责任主体建立预算松弛的行为倾向性是否存在区别。首先，结合心理账户理论解释了高管在预算编制中会产生建立预算松弛的行为，而建立预算松弛的行为是高管达到其个人心理和谐的一种结果，高管的各种心理评价因素的改变都会使其建立预算松弛的行为倾向性发生变化。借鉴 Hambrick 和 Mason（1984）提出的"高层梯队理论"（Upper Echelons Theory），以高管的背景特征来测度其心理结构，方便针对不同高管的心理因素进行区别研究。其次，结合瘾理论进行分析可知，与个人经历或社会影响有关的心理因素都可能造成高管建立预算松弛的行为发生改变。以 CEO 作为代表性高管个体建立了假说4.1和假说4.2，再根据原理论分析思路，针对董事长和 CFO 分别建立了拓展性研究假说4.3和假说4.4，既丰富了研究成果，又证实了原理论推导的合理性及普适性。

本章通过实证研究得出了以下四条研究结论：①社会属性越强的 CEO 更加重视其个人声誉，因此他们建立预算松弛的程度越低；②具有财务或金融相关工作经历的 CEO 相比于没有此类工作经历的 CEO，更具有专业知识的优势且更容易建立较多预算松弛；③女性董事长相比于男性董事长更追求稳定的成功且厌恶风险，因此她们倾向于通过包含更多预算松弛的预算计划；④学历较高的 CFO 所受到的社会道德观的培养更完善，其形成的个人正义感和道德感更强，相比学历较低的 CFO 更不容易建立预算松弛。

本章在提出研究假说时均进行了合理的理论推导，所得出的实证研究结论与现实情景中公司的经营运作情况基本契合。

第五章

预算松弛的经济影响

一、理论分析与研究假说

第四章结合行为经济学理论及心理学的基本观点，分析了具有不同背景特征的预算责任主体在预算编制中建立预算松弛的行为倾向是否存在区别。通过研究发现，与"个人资本"或"社会资本"相关的心理因素都会影响责任主体建立预算松弛的习惯，这些心理因素可以通过责任主体的某些背景特征得到反映。实证研究结果表明，高管的一些背景特征确实与其建立预算松弛的行为倾向存在显著关系，因此采用行为经济学理论可以很好地解释预算松弛的成因及影响因素。根据上文的分析，建立预算松弛是高管追求个人心理账户收益最大化的一种策略选择，当高管的心理受到一些压力因素的影响时便会对这种策略选择做出调整，以达到个人的一种心理和谐。此时预算松弛是高管为了追求其个人利益所建立的，在高管对个人心理账户进行评价时并未考虑公司的利益。从本书的研究证据来看，预算松弛在我国企业中整体表现为一种代理问题，会对公司的利益造成损害。为了更清楚地了解预算松弛现象可能为公司带来的一些经济影响，下文探究了预算松弛与公司几种重要经济特征存在的关联，预期可利用研究所得结论为公司有效应对预算松弛问题提供理论指导。

（一）预算松弛与公司市场价值

根据有效市场假说理论（Fama，1970）的观点，公司价值是投资者对公司未来自由现金流量估计的现值。公司价值与公司所做的财务决策紧密相关，公司价值体现了本公司占有资金的时间价值以及公司的长期发展能力。从公司估值的角度出发，公司价值与市场预期公司未来产生的现金流和资本成本有关

（陈海强等，2012）。具体来讲，公司价值等于企业预期的自由现金流量的折现值，折现率为公司的加权平均资本成本（杰瑞尔和莫林，2002）。在公司价值的研究中，学者常常采用公司的托宾 Q 值作为公司价值的替代变量（梁上坤等，2019；王爱群等，2015；郑呆娉等，2014；陈海强等，2012；Claessens et al.，2002；McConnel and Servaes，1990）。托宾 Q 值的计算涉及公司的股票价格，具体为托宾 Q 值等于公司市场价值与公司重置成本之比，而计算公司的市场价值就需要用到公司股价。由此推断上市公司价值与其股价存在一定的关联，股价的变动可以侧面反映出公司价值的变化。

预算松弛实际上是指预算计划与行业实际经营结果的差异，预算计划就是下一年公司收入、成本和利润的一个估计，当公司的计划收入增长率未达到行业平均收入增长率时，就认为公司的预算计划中包含了预算松弛，预算松弛程度是指公司所处行业的主营业务收入增长率与该公司的计划主营业务收入增长率之差。根据常见的研究观点，预算松弛被视为一种预算功能的失调现象（Davila and Wouters，2005），因此预算松弛会从公司内部向外部市场传递出一种不良信号。根据有效市场的假说（Fama，1970），预算松弛所传递出的不良信号被市场内的投资者和证券分析师所接收，证券分析师会向投资市场传递出对该公司股票分析的不良信号，而投资者会采取抛售股票的行为，这种变化会即刻反映在公司的股价上，表现为股价的下跌。公司股价本就是投资市场对其价值的一个估计，股价的降低意味着市场对该公司价值的低估，可能会造成公司市价贬值。另外，预算松弛与公司价值的相关性也侧面反映了我国股市的市场有效性，证券分析师和投资者对于预算松弛所传递的不良信号具有辨别能力。根据以上分析，本书对公司预算松弛与公司市场价值的关系提出如下假说：

H5.1：公司的预算松弛程度越高，则其市场价值越低

（二）预算松弛与公司未来年度盈余管理

孙健等（2016）对公司战略影响盈余管理的路径给出了解释，发现公司战略可以通过影响融资需求进而对公司的盈余管理水平造成影响，其结论为公司的战略越激进则其盈余管理水平越高。公司战略与预算计划是息息相关的，预算计划的制定基础就是公司未来年度的战略目标和发展计划，预算计划本就是公司战略的一个载体。预算松弛影响了预算计划的有效性，进而对公司战略的有效实施造成影响，最终导致公司盈余管理水平的改变。由此可以推断，公司的预算松弛程度与公司未来年度的盈余管理水平可能存在一定关联。

由于现代企业经营权与控制权的分离，许多关于公司的代理问题应运而生。公司的大部分股东无法直接参与公司的经营管理，公司的财务信息披露与报告成了他们了解公司经营状况的重要信息来源。市场内的投资者以及提供融资帮助的银行等，都需要通过公司的财务报告来了解其经营状况和发展机会等。由于各方群体的利益追求不同，并且他们与公司之间都存在着不同程度的信息不对称，公司管理层为了"交出一份满意的答卷"，可能会运用一定的手段对公司的盈余水平进行人为的干预，以误导关心公司经营状况的利益群体对公司盈利能力的理解（Healy and Wahlen, 1999）。公司进行盈余管理的具体动机可分为以下几种：第一种，管理层为了使公司盈余水平达到期望值，满足公司盈利水平保持稳定的基本要求，对公司股东交出令其满意的财务报告以稳固他们对公司的投资，保持公司长期的良好发展。第二种，公司通过盈余管理可以迎合市场的监管（Healy and Wahlen, 1999）。另外，公司还可以通过盈余管理以求获得更多的市场投资及银行贷款（卢太平和张东旭，2014；马永强等，2014）。第三种，经理人为了提高自己的薪酬可能对企业盈利状况进行粉饰，研究发现经理人会通过对公司的盈余操纵以迎合公司的业绩考核标准，从而获得更多的货币收益（Burgstahler et al., 1997; Gaver et al., 1995; Healy, 1985）。

当预算松弛被视作一种不良现象（Davila and Wouters, 2005）时，这种现象所暴露出的直接问题就是预算责任主体所编制的预算计划实施情况不良，或者说预算责任主体所编制的预算计划包含的松弛较多。我国大部分企业已经采用了预算管理系统（于增彪等，2004），预算松弛问题也被证明确实存在于我国上市公司的预算管理中（潘飞和程明，2007；郑石桥等，2008）。当预算计划内存在预算松弛时，公司管理层的业绩考核目标已然被降低，他们为了提高自身货币薪酬激励而进行盈余管理的动机会被削弱，由此推断预算松弛对公司的盈余管理存在抑制作用。

虽然雒敏（2010）研究了预算松弛程度与公司盈余管理水平之间的相关性，且其研究结论证明了预算松弛会降低公司当年的盈余管理水平，但其未考虑到预算松弛带来的经济效应可能存在滞后性，当把预算松弛作为一种对当年预算计划好坏的评价指标来看时，其给出的信号可能会对公司下一年度的应计盈余管理水平产生影响，使得管理者在下一年度的盈余管理水平降低。因此，本书重点研究预算松弛对公司下一年的盈余管理水平是否存在影响，这也是对已有相关研究的一个补充和拓展。根据以上分析，本书对公司预算松弛与公司未来年度盈余管理的相关性提出如下假说：

H5.2：公司当年的预算松弛会减少其下一年度的应计盈余管理水平

（三）预算松弛与公司承担的市场风险

企业风险水平反映了企业在进行投资时的风险偏好（Lumpkin and Dess，1996），企业风险水平高，说明该企业偏好投资风险较大的项目（余明桂等，2013b；Acharya et al.，2011；Amihud and Lev，1981；Boubakri et al.，2013）。承担较大的风险虽然增加了企业经营的不确定性，但可以帮助企业在长期的发展中获得更高的经济收益（李文贵和余明桂，2012；Boubakri et al.，2013；Cucculelli and Ermini，2012；Low，2009），提升企业盈利能力、加快企业资本积累效率（Fiegenbaum and Thomas，1988；Hilary and Hui，2009），最终使企业取得竞争优势。对于整个宏观经济市场来说，市场所承担的风险水平较高，那么整个经济市场的资本运转效率会加快，资本积累速度会有所提升。若一个国家或地区的经济市场所承担的风险水平较高，那么其生产效率也会较高、技术进步更快，该国家或地区的经济增长速率也会相对较高，具有长期快速发展的优势（解维敏和唐清泉，2013；张敏等，2015；Acemoglu and Zilibotti，1997；De Long and Summers，1991；John et al.，2008）。

然而，风险承担历来都是一把"双刃剑"，承担较高的风险可能为公司带来较高回报，同时公司也面临较大投资失败甚至破产的可能。Habib 和 Hasan（2015）研究发现，当企业处于发展期或衰退期时若承担的风险较高，容易表现出较差的业绩并面临破产危机。Bowman（1980）很早就发现跨行业的企业风险与其收益存在显著负向关系，这也是关于"风险—收益"悖论的开端，与传统金融学认为高风险意味着高回报的观点相对立（Conrad and Plotkin，1968；Cootner and Holland，1970；李文贵和余明桂，2012；余明桂等，2013b）。风险承担也会产生一定的隐性成本，Palmer 和 Wiseman（1999）的研究认为，企业承担较高的风险会导致企业的绩效波动较大，当投资者注意到这一现象时会采取保守的策略，长期如此则会造成企业业绩下降。由以上研究证据可知，关于企业承担风险与企业业绩关系的结论并不统一。企业承担较高风险对于企业来说是有益或者有害，受到许多企业特征及外部环境的影响，这仍旧是一个具有争议的话题。

企业风险的来源一般包括两方面：一是由企业内部特征引起的内部非系统性风险；二是由企业外部经济环境引起的外部系统性风险（罗党论等，2016；

张志强，2010）。企业内部特征对企业风险造成影响的因素一般包括管理者个人特征（Baker and Wurgle，2011；Faccio et al.，2012；Li and Tang，2010）、企业的所有权性质（李文贵和余明桂，2012；Faccio et al.，2011）、企业内部治理机制（Coles et al.，2006；Kini and Williams，2012）等。外部经济环境对企业风险承担的影响因素一般包括法律、政府政策（姜国华和饶品贵，2011；毛其淋和许家云，2016；马永强和孟子平，2009）、政治环境（罗党论等，2016）和文化环境等。

现有文献在分析企业风险承担的影响因素时，多是基于委托代理理论的框架，从薪酬激励契约、管理者个人特征等方面着手（张敏等，2015）。企业高管若选择高风险项目，可能存在因为投资失败而面临收益下降甚至被降职或解雇的风险，其个人声誉和职业水平评估也会受到投资失败的影响。对于高管来说，如果选择高风险投资项目成功时所获得的边际效益的增加小于失败时边际效益的减少，那么他们一定会选择低风险、较为保守的投资策略，但这对于企业的长期发展显然是不利的（John et al.，2008）。薪酬激励契约属于常见的影响企业风险承担的因素（解维敏和唐清泉，2013；Choy et al.，2014；Kim and Lu，2011），预算管理属于企业的内部治理机制，我国上市公司的货币薪酬激励契约和业绩考评通常与企业的预算管理挂钩（潘飞等，2006；叶建芳等，2014）。可以推断出预算管理作为企业的内部治理机制的重要构成部分之一，它可能与企业风险承担存在一定关联。

当管理者在预算编制中已经建立了预算松弛时，其业绩目标难度会显著降低，预算松弛的存在已经为他们降低了一定的工作失败风险，因此他们更愿意去选择风险更高、收益更大的投资项目，此时企业所承担的风险也会相应升高。预算松弛通过提高管理者承担风险的意愿，间接地提高了企业所承担的风险。根据以上分析，对公司预算松弛与公司所承担风险的相关性提出如下假说：

H5.3：公司的预算松弛程度越高，其所承担的市场风险越大

二、研究设计

（一）样本筛选与数据来源

本章研究样本仍选择2003~2015年我国沪市、深市A股的上市公司，考虑到行业特殊性，剔除金融行业和保险业的公司，另外还剔除了ST、*ST以及

PT 股公司。与第四章分析类似，由于上市公司的预算计划是自愿披露的，样本公司的预算数据需要通过手工收集得到，在收集预算数据时发现我国上市公司关于收入预算数据的披露比例较大，考虑到数据的可获得性，本章研究主要关注公司年报附注内披露的关于收入预算的数据。最终通过手工收集和整理得到了 1295 家上市公司在研究年限期间内的年度预算数据，有效观测值为5468 个。

关于收集预算数据的具体处理方式说明，以及计算预算松弛重构指标之二需要用到的分析师预测数据的收集处理方式说明，均与第四章中的介绍相同，故此处略去。上市公司的预算松弛数据从公司年报附注内手工收集的收入预算数据经过相应计算所得，本章研究所使用的公司相关财务数据以及计算预算松弛重构指标之二所用到的分析师对公司主营业务收入的预测数据均来自国泰安（CSMAR）数据库。若出现观测样本公司财务数据缺失的情况，从万德（Wind）数据库中手工收集补全。为了避免极端值对回归结果的影响，对本章研究中所用到的主要连续型变量均进行了 1%~99% 的缩尾（Winsorize）处理。

（二）研究变量定义

1. 因变量

本章的假说是关于预算松弛与公司几类经济后果存在的关系，研究所涉及的因变量包括公司的市场价值、公司未来年度的盈余管理水平以及公司承担的市场风险水平。这些因变量各自的测度指标选取如下：

（1）公司的市场价值。根据国内外学者的研究情况，托宾 Q 值常被用来度量公司价值，因为该指标很好地反映了市场对公司未来经营利润的预期，且包含了预期值对风险的自我调整。本书参考已有文献对公司价值的测度方式（陈海强等，2012；梁上坤等，2019；王爱群等，2015；郑杲娉等，2014；Claessens et al.，2002；McConnel and Servaes，1990），采用托宾 Q 值来测度公司价值，该指标的具体定义为公司市场价值与公司重置成本之比。但由于公司的重置成本一般较难获得，因此这里采用公司期末总资产的账面价值来替代（王爱群等，2015）。在本书中托宾 Q 的计算方式为：Tq =（流通股数×年末股票价格+非流通股数×每股净资产+负债的账面价值）/期末总资产的账面价值。

（2）公司未来年度的盈余管理水平。国内外关于盈余管理的实证研究，通常都是利用操纵性应计利润的真实值来反映公司的盈余管理水平。估计的方法一般有 Healy（1985）模型、基本 Jones（1991）模型以及修正截面的 Jones

（Dechow et al.，1995）模型，而从实践应用来看，修正截面的 Jones 模型在估计操纵性应计利润的真实值时表现更佳（黄梅和夏新平，2009；Dechow et al.，1995；Guay et al.，1996），具体方法为采用该模型对样本进行分年度和行业的回归，利用回归得出的模型参数估算样本公司每年的操纵性应计利润以度量应计盈余管理的程度。因此，本书采用修正截面的 Jones 模型对公司的盈余管理水平进行估计，具体的计算公式如下：

$$\frac{TA_{i,t}}{A_{i,t-1}} = \alpha_1\left[\frac{1}{A_{i,t-1}}\right] + \alpha_2\left[\frac{\Delta REV_{i,t} - \Delta REC_{i,t}}{A_{i,t-1}}\right] + \alpha_3\left[\frac{PPE_{i,t}}{A_{i,t-1}}\right] + \varepsilon_{i,t} \qquad (5-1)$$

其中，$TA_{i,t}$ 为公司 i 第 t 年的总应计利润，即公司 i 第 t 年的营业利润减去第 t 年的经营活动现金流（黄梅和夏新平，2009）；$A_{i,t-1}$ 为公司 i 第 t 年滞后一期的总资产；$\Delta REV_{i,t}$ 为公司 i 第 t 年的营业收入增量；$PPE_{i,t}$ 为公司 i 第 t 年的固定资产；$\Delta REC_{i,t}$ 为公司 i 第 t 年的应收账款变动。通过该方程计算得到的残差即为公司的应计盈余管理水平 $Da_{i,t}$。本书的研究假设是关于公司下一年度的盈余管理水平，即通过上述公式算出的 $Da_{i,t+1}$。

（3）公司承担的市场风险。相关文献中关于企业风险的测度指标主要包括以下内容：①公司的负债情况，即资产负债率（Faccio et al.，2011）。该指标能够对公司承担的财务风险的大小做出测度。②公司盈利的波动性（余明桂等，2013b；Boubakri et al.，2013；John et al.，2008）。这一指标常常被用来测度企业 3~5 年内所承担的风险。③公司股价风险系数，即年度 beta 系数（罗党论等，2016；张敏和黄继承，2009；Barton，1988；Montgomery and Singh，1984）。该指标是对公司在股市中股票价格风险的测度，能够较好地反映出公司年度所承担的综合市场风险的大小，这也是投资者对公司承担市场风险大小所做估计的一个反映。④股票市场回报的波动性（张敏等，2015；Bargeron et al.，2010；Coles et al.，2006）。⑤研发支出或资本性支出（Coles et al.，2006）。根据以上分析，本书选择公司年度 beta 系数作为公司承担市场风险这一因变量的测度指标。公司的年度 beta 系数的数据来自国泰安（CSMAR）数据库，具体使用分市场的年度 beta 值，即对沪、深两市的股票取各自对应市场的回报率进行计算得出的各股年度 beta 值。

2. 自变量

在本章中，预算松弛是作为自变量出现的。考虑到数据的可获得性，且关于预算松弛的定义不是唯一的，本章与上一章中研究设计的定义相同，此处沿用潘飞（2007）研究中的测度方法来计算企业的预算松弛程度，即用企业主营业务收入的预算数据计算企业主营业务收入增长率，再减去企业所处行业的平均主营业务收入增长率来调整，最后用1减去前面计算出来的数值。这样结果的数值越大，企业预算松弛程度越大。具体的计算公式如下所示：

$$Slack = 1 - \left[(I_n^* - I_{n-1})/I_{n-1} - \hat{G}_{n-1} \right] \tag{5-2}$$

其中，I_n^* 表示企业年报中自愿披露的第 n 年主营业务收入预算数；I_{n-1} 表示企业第 n-1 年的主营业务收入实际值；$\hat{G}_{n-1}$ 表示第 n-1 年企业所处行业的平均主营业务收入增长率。

3. 控制变量

（1）公司市场价值的控制变量。参考郑呆娉等（2014）对公司价值的相关研究，本书在研究预算松弛对公司价值的影响时，设置的控制变量包括企业的所有权性质（SOE）、公司规模（Size）、公司盈利能力（ROA）、公司年龄（Firmage）、股权集中度（Shrcr1）、负债风险（Leverage）、两职合一情况（ceodual）、独立董事规模（Ide）、董事会规模（Bsize）。其中，与上文名称相同的控制变量的测度指标都与之前的定义一样。此处公司的盈利能力用总资产收益率（ROA）来测度，该指标也是上一部分研究公司业绩时所使用的因变量，具体计算方法与之相同。

（2）盈余管理水平的控制变量。参考孙健等（2016）、胥朝阳和刘睿智（2014）的研究设计，本书在研究预算松弛与公司未来年度盈余管理水平的相关性时，设置的控制变量包括企业的所有权性质（SOE）、公司规模（Size）、公司年龄（Firmage）、股权集中度（Shrcr1）、公司盈利能力（ROA）、股权制衡度（Balance）、债务风险（Leverage）、公司成长性（Tq）、两职合一情况（ceodual）、独立董事规模（Ide）、董事会规模（Bsize）。其中，与上文名称相同的控制变量的测度指标都与之前的定义一样。另外，公司的股权制衡度（Balance）用来测度公司股权的分散情况，股权制衡度越高表示公司的股权控制越分散，这表示大股东对公司管理人员的监督力度越低。在本研究中该指标的预期回归符号为正。

（3）公司承担市场风险的控制变量。参考罗党论等（2016）、余明桂等（2013b）的研究设计，本书在研究预算松弛与公司所承担市场风险的相关性时，设置的控制变量包括企业的所有权性质（SOE）、公司规模（Size）、公司盈利能力（ROA）、公司年龄（Firmage）、股权集中度（Shrcr1）、债务风险（Leverage）、公司成长性（Tq）、两职合一情况（ceodual）、独立董事规模

（Ide）、董事会规模（Bsize）。其中，与上文名称相同的控制变量的测度指标都与之前的定义一样。

本章研究中所出现的所有变量的具体定义和计算方式如表5-1所示。

表5-1 主要研究变量定义

Panel A：Dependent Variables

Tq	公司价值，用托宾 Q 值来测度，托宾 Q 等于公司的市场价值与公司的重置成本之比，具体计算公式：Tobin_q =（流通股数×年末股票价格+非流通股数×每股净资产+负债的账面价值）/期末总资产的账面价值
Da	公司 i 第 t+1 期的应计盈余管理管理水平，用修正截面的琼斯模型估计得出的可操纵性应计利润的实际值表示。具体计算公式如下： $$\frac{TA_{i,t}}{A_{i,t-1}}=\alpha_1\left[\frac{1}{A_{i,t-1}}\right]+\alpha_2\left[\frac{\Delta REV_{i,t}-\Delta REC_{i,t}}{A_{i,t-1}}\right]+\alpha_3\left[\frac{PPE_{i,t}}{A_{i,t-1}}\right]+\varepsilon_{i,t}$$ 其中，$TA_{i,t}$ 为公司 i 第 t 年的总应计利润，即公司 i 第 t 年的营业利润减去第 t 年的经营活动现金流；$A_{i,t-1}$ 为公司 i 第 t 年滞后一期的总资产；$\Delta REV_{i,t}$ 为公司 i 第 t 年的营业收入增量；$PPE_{i,t}$ 为公司 i 第 t 年的固定资产；$\Delta REC_{i,t}$ 为公司 i 第 t 年的应收账款变动。通过该方程计算得到的残差即为公司的应计盈余管理水平
beta	公司股价风险，用股价风险系数（贝塔系数）来测度，具体使用分市场的年 beta 值，即对沪、深两市的股票取各自对应市场的回报率作为市场回报率进行计算

Panel B：Independent Variables

Slack	预算松弛指标，计算公式为：Slack = $1-[(I_n^*-I_{n-1})/I_{n-1}-\hat{G}_{n-1}]$。其中，$I_n^*$ 表示企业年报中自愿披露的第 n 年主营业务收入预算数；I_{n-1} 表示企业第 n-1 年的主营业务收入实际值；$\hat{G}_{n-1}$ 表示第 n-1 年企业所处行业的平均主营业务收入增长率
Slack′	预算松弛重构指标之一，计算公式为：Slack′ = $\hat{G}_{n-1}-(I_n^*-I_{n-1})/I_{n-1}$。其中，$I_n^*$ 表示企业年报中自愿披露的第 n 年主营业务收入预算数；I_{n-1} 表示企业第 n-1 年的主营业务收入实际值；$\hat{G}_{n-1}$ 表示第 n-1 年企业所处行业的平均主营业务收入增长率
Slack″	预算松弛重构指标之二，计算公式为：Slack″ = $\hat{A}_{n-1}-(I_n^*-I_{n=1})/I_{n-1}$。其中，$I_n^*$ 表示企业年报中自愿披露的第 n 年主营业务收入预算数；I_{n-1} 表示企业第 n-1 年的主营业务收入实际值；$\hat{A}_{n-1}$ 表示第 n-1 年企业的分析师对主营业务收入预测数的增长率

Panel C：Control Variables

SOE	公司股权性质，虚拟变量。国有企业取值为 1；非国有企业取值为 0
Size	公司规模，公司年末资产总额的自然对数

	Panel C：Control Variables
Shrcr1	股权集中度，第一大股东持股比例
Balance	股权制衡度，第二到第五大股东的持股比例之和
Firmage	公司成熟度，公司年龄=ln（1+公司的上市年限）
Leverage	债务风险水平，资产负债率=负债总额/资产总额
ROA	公司盈利能力指标1，总资产收益率=净利润/年末总资产余额
ROE	公司盈利能力指标2，净资产收益率=净利润/年末股东权益
ceodual	两职合一，虚拟变量。公司董事长和总经理为同一人时，取值为1；反之，取值为0
Ide	独立董事比例，公司独立董事人数除以董事会人数
Bsize	董事会规模（Board size），公司董事会的人数取自然对数
Tq	公司成长性指标1，用托宾Q值来测度，具体计算公式：Tq =（流通股数×年末股票价格+非流通股数×每股净资产+负债的账面价值）/期末总资产的账面价值
PBR	公司成长性指标2，年末市净率=年末每股市价/年末每股净资产
IndustryFE	行业固定效应，上市公司所处行业代码
YearFE	年度固定效应，会计年份

（三）模型设计

本章针对三个研究假说分别构建了回归检验模型即式（5-3）至式（5-5），为了避免极端值对回归结果的准确性产生影响，在回归前对样本观测值数据中的连续型变量都做了1%～99%的缩尾处理（Winsorize）以提高回归结果的精确度。此外，在回归时对公司的年度固定效应和行业固定效应都做了控制，对估计的标准误差用 White（1980）方法进行了稳健性调整以及公司层面的聚类（cluster）调整。

$$Tq_{i,t}=\beta_0+\beta_1 Slack_{i,t}+\beta_2 SOE_{i,t}+\beta_3 Size_{i,t}+\beta_4 ROA_{i,t}+\beta_5 Firmage_{i,t}+\beta_6 Shrcr1_{i,t}+\beta_7 Leverage_{i,t}+\beta_8 ceodual_{i,t}+\beta_9 Ide_{i,t}+\beta_{10} Bsize_{i,t}+\varepsilon_{i,t} \quad (5-3)$$

$$Da_{i,t+1}=\beta_0+\beta_1 Slack_{i,t}+\beta_2 SOE_{i,t}+\beta_3 Size_{i,t}+\beta_4 Firmage_{i,t}+\beta_5 Shrcr1_{i,t}+\beta_6 ROA_{i,t}+\beta_7 Balance_{i,t}+\beta_8 Leverage_{i,t}+\beta_9 Tq_{i,t}+\beta_{10} ceodual_{i,t}+\beta_{11} Ide_{i,t}+\beta_{12} Bsize_{i,t}+\varepsilon_{i,t} \quad (5-4)$$

$$beta_{i,t}=\beta_0+\beta_1 Slack_{i,t}+\beta_2 SOE_{i,t}+\beta_3 Size_{i,t}+\beta_4 ROA_{i,t}+\beta_5 Firmage_{i,t}+\beta_6 Shrcr1_{i,t}+\beta_7 Leverage_{i,t}+\beta_8 Tq_{i,t}+\beta_9 ceodual_{i,t}+\beta_{10} Ide_{i,t}+\beta_{11} Bsize_{i,t}+\varepsilon_{i,t} \quad (5-5)$$

式（5-3）至式（5-5）中，预算松弛（Slack）为每式中的唯一自变量，其他变量均为控制变量，每式中的控制变量设置具体如下：式（5-3）包括公司所有权性质、公司规模、盈利能力、公司年龄、股权集中度、债务风险水平、两职合一情况、独立董事比例、董事会规模共9个控制变量；式（5-4）包括公司所有权性质、公司规模、公司年龄、股权集中度、盈利能力、股权制衡度、债务风险水平、公司成长性、两职合一情况、独立董事比例、董事会规模共11个控制变量；式（5-5）包括公司所有权性质、公司规模、盈利能力、公司年龄、股权集中度、债务风险水平、公司成长性、两职合一情况、独立董事比例、董事会规模共10个控制变量。

托宾Q值（Tq）在式（5-3）中作为因变量出现，而在式（5-4）、式（5-5）中则作为控制变量出现，控制了公司的成长性。虽然出现了同一变量在不同地方而变量类型不同的情况，但其计算方式不变，详细定义可见表5-1。另外，回归时还控制了公司行业固定效应（IndustryFE）和年度固定效应（YearFE）。β_0 为截距项，$\varepsilon_{i,t}$ 为随机扰动项。

三、实证检验结果与分析

（一）描述性统计分析

表5-2为预算松弛变量（Slack）的分年度描述性统计结果，此结果与第四章的相同，在此不再赘述。

表5-2 预算松弛分年度的描述性统计

Year	N	mean	S. D.	min	p25	p50	p75	max
2003	100	0.545	1.243	-5.685	0.660	0.813	0.963	1.814
2004	111	0.703	1.005	-5.685	0.628	0.843	1.023	1.965
2005	281	0.926	0.757	-5.685	0.902	1.046	1.150	1.847
2006	244	0.842	0.684	-5.685	0.804	0.912	1.047	1.838
2007	500	0.987	0.752	-5.685	0.870	1.011	1.205	1.965
2008	492	0.991	0.660	-5.685	0.932	1.068	1.209	1.965
2009	402	0.611	0.912	-5.685	0.555	0.779	0.969	1.838
2010	534	0.355	0.952	-5.685	0.211	0.576	0.782	1.900
2011	573	0.897	0.650	-5.685	0.804	0.940	1.092	1.965
2012	725	0.769	0.882	-5.685	0.775	0.910	1.036	1.965

Year	N	mean	S. D.	min	p25	p50	p75	max
2013	622	0.944	0.534	−5.685	0.899	1.003	1.088	1.965
2014	204	0.833	0.757	−5.685	0.851	0.948	1.030	1.926
2015	680	0.702	1.050	−5.685	0.754	0.919	1.017	1.965
Total	5468	0.790	0.844	−5.685	0.745	0.933	1.073	1.965

表5-3为预算松弛（Slack）的分行业描述性统计结果，此结果也与第四章相同，故此处不再赘述。

表5-3 预算松弛分行业的描述性统计

Ind	N	mean	S. D.	min	p25	p50	p75	max
A	51	0.579	1.618	−5.685	0.723	0.908	1.142	1.965
B	241	0.814	0.999	−5.685	0.749	0.997	1.194	1.965
C	2981	0.789	0.713	−5.685	0.748	0.908	1.028	1.965
D	233	0.931	0.658	−5.685	0.872	1.019	1.164	1.965
E	168	0.860	0.872	−5.685	0.696	0.973	1.146	1.965
F	327	0.892	0.909	−5.685	0.846	1.018	1.216	1.965
G	466	0.643	1.016	−5.685	0.642	0.846	0.994	1.965
H	387	0.927	0.721	−5.685	0.872	1.046	1.170	1.965
I	282	0.629	1.241	−5.685	0.550	0.948	1.224	1.965
K	200	0.837	0.842	−5.685	0.752	1.001	1.171	1.965
L	68	0.780	0.783	−3.743	0.662	0.921	1.115	1.965
M	64	0.553	1.653	−5.685	0.803	0.963	1.155	1.965
Total	5468	0.790	0.844	−5.685	0.745	0.933	1.073	1.965

注：表中所涉及的行业分类代码具体含义：A 农、林、牧、渔业；B 采矿业；C 制造业；D 电力、燃气及水的生产和供应业；E 建筑业；F 交通运输、仓储和邮政业；G 信息传输、计算机服务和软件业；H 批发和零售业；I 住宿和餐饮业；K 房地产业、建筑建设、物业；L 租赁和商务服务业；M 科学研究、技术服务和地质勘查业。

表5-4为本章回归模型主要变量的描述性统计结果，所有的连续型变量均经过了1%~99%的缩尾处理（Winsorize）。其中，Panel A、Panel B、Panel C分别为预算松弛与公司的市场价值、预算松弛与公司未来年度的盈余管理水

平以及预算松弛与公司所承担的市场风险各个子样本中主要回归变量的描述性统计结果。

表5-4　主要研究变量的描述性统计

Panel A：descriptive statistics of firm value subsample

Variables	N	mean	S. D.	min	p25	p50	p75	max
Tq	5010	1. 840	1. 050	0. 910	1. 160	1. 480	2. 090	6. 860
Slack	5010	0. 800	0. 820	−5. 680	0. 750	0. 930	1. 070	1. 960
SOE	5010	0. 650	0. 480	0	0	1	1	1
Size	5010	22. 01	1. 220	19. 58	21. 14	21. 88	22. 78	25. 46
ROA	5010	0. 040	0. 050	−0. 190	0. 010	0. 030	0. 060	0. 200
Firmage	5010	2. 190	0. 720	0	1. 790	2. 400	2. 710	3. 090
Shrcr1	5010	0. 380	0. 160	0. 090	0. 260	0. 370	0. 500	0. 770
Leverage	5010	0. 500	0. 200	0. 070	0. 360	0. 510	0. 650	0. 970
ceodual	5010	0. 140	0. 350	0	0	0	0	1
Ide	5010	0. 360	0. 050	0. 270	0. 330	0. 330	0. 380	0. 570
Bsize	5010	2. 210	0. 190	1. 610	2. 200	2. 200	2. 300	2. 710

Panel B：descriptive statistics of firm's earnings management in the next year subsample

Variables	N	mean	S. D.	min	p25	p50	p75	max
Da	5106	−0. 010	0. 080	−0. 240	−0. 050	−0. 010	0. 030	0. 280
Slack	5106	0. 800	0. 820	−5. 680	0. 750	0. 930	1. 070	1. 960
SOE	5106	0. 650	0. 480	0	0	1	1	1
Size	5106	22. 01	1. 220	19. 58	21. 14	21. 88	22. 78	25. 46
Firmage	5106	2. 190	0. 720	0	1. 790	2. 400	2. 710	3. 090
Shrcr1	5106	0. 380	0. 160	0. 090	0. 260	0. 370	0. 500	0. 770
ROA	5106	0. 040	0. 050	−0, 190	0. 010	0. 030	0. 060	0. 200
Balance	5106	0. 150	0. 110	0. 010	0. 060	0. 120	0. 220	0. 450
Leverage	5106	0. 500	0. 200	0. 070	0. 360	0. 510	0. 650	0. 970
Tq	5106	1. 840	1. 050	0. 910	1. 160	1. 480	2. 090	6. 860
ceodual	5106	0. 140	0. 350	0	0	0	0	1
Ide	5106	0. 360	0. 050	0. 270	0. 330	0. 330	0. 380	0. 570
Bsize	5106	2. 210	0. 190	1. 610	2. 200	2. 200	2. 300	2. 710

					Panel C: descriptive statistics of firm market risk subsample			
Variables	N	mean	S. D.	min	p25	p50	p75	max
beta	4843	1. 090	0. 230	0. 460	0. 950	1. 090	1. 230	1. 690
Slack	4843	0. 800	0. 810	−5. 680	0. 760	0. 940	1. 070	1. 960
SOE	4843	0. 660	0. 470	0	0	1	1	1
Size	4843	22. 05	1. 210	19. 58	21. 18	21. 92	22. 80	25. 46
ROA	4843	0. 040	0. 050	−0. 190	0. 010	0. 030	0. 060	0. 200
Firmage	4843	2. 240	0. 670	0	1. 950	2. 400	2. 710	3. 090
Shrcr1	4843	0. 380	0. 160	0. 090	0. 260	0. 370	0. 500	0. 770
Leverage	4843	0. 510	0. 190	0. 070	0. 370	0. 520	0. 650	0. 970
Tq	4843	1. 830	1. 040	0. 910	1. 160	1. 480	2. 090	6. 860
ceodual	4843	0. 130	0. 340	0	0	0	0	1
Ide	4843	0. 360	0. 050	0. 270	0. 330	0. 330	0. 380	0. 570
Bsize	4843	2. 210	0. 190	1. 610	2. 200	2. 200	2. 300	2. 710

注：由于样本公司中价值、盈余管理水平以及市场风险数据并不完整，以手工收集的公司预算数据作为 master data 分别与公司价值、公司未来年度盈余管理水平以及企业市场风险数据进行匹配，得出各自样本的回归数据，因此这三种经济后果特征对应的回归样本数据观测值并不统一。

由表 5-2 可知，研究所收集的预算松弛有效观测数据为 5468 条，但在收集其他经济变量的过程中存在某些公司某些年度的相关变量值缺失的情况（如变量 Eps、Tq）。在实际操作时先从国泰安（CSMAR）数据库查找数据，若变量数据出现缺失的情况，则从万得（Wind）数据库补充缺失数据，如果两个数据库均无某变量对应该公司该年的数据，则视为该条观测值缺失，在统计回归时会自动剔除。因此，表 5-4 的描述性统计结果中会出现变量观测值并不为 5468 的情况，这是变量数据缺失所造成的结果，每个回归模型对应变量的描述性统计是针对有效观测值展开的，存在变量数据缺失情况的观测值已被剔除。

从每一个 Panel 中都可以看出，预算松弛（Slack）的 3/4 分位数大于 1，这表明至少有 25% 的观测样本存在预算松弛，这也验证了预算松弛现象在我国部分上市公司中是真实存在的，因此对预算松弛与公司经济后果特征进行研究是具有实际意义的。Panel A 和 Panel B 中自变量预算松弛（Slack）的平均值为 0.800，中位数为 0.930，标准差为 0.820，3/4 分位数为 1.070。Panel C

中自变量预算松弛（Slack）的平均值为 0.800，中位数为 0.940，标准差为
0.810，3/4 分位数为 1.070。观察每个 Panel 可知，每个回归式各自的控制变
量标准差均较小。公司价值和公司未来年度盈余管理子样本中，国有企业的比
例均为 65%。企业所承担市场风险子样本中，国有企业的比例为 66%。

（二）变量相关性分析

表 5-5 至表 5-7 分别为公司四种经济后果特征子样本各研究变量之间的
Pearson 相关系数矩阵，分别列示了公司市场价值、公司未来年度的盈余管理
水平和公司所承担的市场风险与自变量预算松弛以及其他各控制变量之间的相
关性。

表 5-5　公司市场价值子样本变量之间的 Pearson 相关系数（N=5010）

Variables	(1)	(2)	(3)	(4)	(5)	(6)	(7)	(8)	(9)	(10)	(11)
tq	1										
slack	−0.121	1									
SOE	−0.145	0.094	1								
Size	−0.366	0.053	0.245	1							
ROA	0.175	0.003	−0.118	0.023	1						
Firmage	0.102	0.017	0.278	0.243	−0.170	1					
Shrcr1	−0.173	0.045	0.232	0.277	0.070	−0.126	1				
Leverage	−0.212	0.013	0.199	0.370	−0.412	0.295	0.033	1			
ceodual	0.059	−0.042	−0.203	−0.107	0.051	−0.158	−0.082	−0.102	1		
Ide	0.019	−0.027	−0.037	0.088	−0.019	−0.034	0.031	0.021	0.080	1	
Bsize	−0.140	0.045	0.204	0.235	0.019	−0.002	0.046	0.085	−0.106	−0.333	1

注：受篇幅限制，回归模型变量的 Pearson 相关系数矩阵的变量名行向量用数字替代，其分别对应
的变量名为：Tq（1），Slack（2），SOE（3），Size（4），ROA（5），Firmage（6），Shrcr1（7），Leverage
（8），ceodual（9），Ide（10），Bsize（11）。表中系数若为加粗形式则表示该相关系数显著（显著水平
未报告），若未加粗则表示该相关系数不显著。

从表 5-5 列示的结果可以看出，预算松弛与公司市场价值显著负相关，
假说 5.1 得到了支持。控制变量方面，公司股权性质、公司规模、股权集中
度、债务风险水平、董事会规模均与公司市场价值显著负相关；公司盈利能
力、公司年龄、两职合一情况均与公司价值显著正相关；公司独立董事比例与

公司市场价值正相关但不显著。此外，各变量之间的相关性均较弱且相关系数均不大于 0.5，因此式（5-3）的各变量之间不存在严重的多重共线性问题，可以进行后面的回归检验。

从表 5-6 列示的结果可以看出，预算松弛与公司未来年度的盈余管理水平显著负相关，假说 5.2 得到了支持。控制变量方面，公司规模、公司年龄、债务风险水平均与公司未来年度的盈余管理水平显著负相关；公司盈利能力和股权制衡度与公司未来年度的盈余管理水平显著正相关；公司股权性质、股权集中度、董事会规模均与公司未来年度的盈余管理水平负相关但不显著；公司成长性、两职合一情况、独立董事比例均与公司未来年度的盈余管理水平正相关但不显著。此外，各变量之间的相关性均较弱且相关系数均不大于 0.5，因此式（5-4）的各变量之间不存在严重的多重共线性问题，可以进行后面的回归检验。

表 5-6　公司未来年度盈余管理子样本变量之间的 Pearson 相关系数 （N=5106）

Variables	(1)	(2)	(3)	(4)	(5)	(6)	(7)	(8)	(9)	(10)	(11)	(12)	(13)
Da	1												
Slack	**-0.034**	1											
SOE	-0.012	**0.094**	1										
Size	-0.025	**0.053**	**0.245**	1									
Firmage	**-0.089**	0.017	**0.278**	**0.243**	1								
Shrcr1	-0.002	**0.045**	**0.232**	**0.277**	**-0.126**	1							
ROA	**0.092**	0.003	**-0.118**	0.023	**-0.170**	**0.070**	1						
Balance	**0.050**	**-0.040**	**-0.259**	**-0.120**	**-0.313**	**-0.394**	**0.113**	1					
Leverage	**-0.066**	0.013	**0.199**	**0.370**	**0.295**	0.033	**-0.412**	**-0.136**	1				
Tq	0.022	**-0.121**	**-0.145**	**-0.366**	0.102	**-0.173**	**0.175**	0.019	**-0.212**	1			
ceodual	0.007	**-0.042**	**-0.203**	**-0.107**	**-0.158**	**-0.082**	0.051	**0.100**	**-0.102**	0.059	1		
Ide	0.006	**-0.027**	**-0.037**	**0.088**	-0.034	**0.031**	-0.019	-0.003	0.021	0.019	**0.080**	1	
Bsize	-0.001	**0.045**	**0.204**	**0.235**	-0.002	**0.046**	0.019	**0.041**	**0.085**	**-0.140**	**-0.106**	**-0.333**	1

注：受篇幅限制，回归模型变量的 Pearson 相关系数矩阵的变量名行向量用数字替代，其分别对应的变量名为：Da（1），Slack（2），SOE（3），Size（4），Firmage（5），Shrcr1（6），ROA（7），Balance（8），Leverage（9），Tq（10），ceodual（11），Ide（12），Bsize（13）。表中系数若为加粗形式则表示该相关系数显著（显著水平未报告），若未加粗则表示该相关系数不显著。

从表5-7列示的结果可以看出，预算松弛与公司所承担的风险水平显著正相关，假说5.3得到了支持。控制变量方面，公司股权性质、公司规模、公司年龄、股权集中度、债务风险水平均与公司所承担的风险水平显著正相关；公司盈利能力、公司成长性、两职合一情况均与公司所承担的风险水平显著负相关；公司独立董事比例和董事会规模与公司所承担的风险水平正相关但不显著。此外，各变量之间的相关性均较弱且相关系数均不大于0.5，因此式（5-5）的各变量之间不存在严重的多重共线性问题，可以进行后面的回归检验。

表5-7　公司承担市场风险子样本变量之间的 Pearson 相关系数（N=4843）

Variables	(1)	(2)	(3)	(4)	(5)	(6)	(7)	(8)	(9)	(10)	(11)	(12)
beta	1											
Slack	**0.032**	1										
SOE	**0.041**	**0.086**	1									
Size	**0.150**	**0.046**	**0.224**	1								
ROA	**−0.085**	0.006	**−0.105**	**0.041**	1							
Firmage	**0.033**	0.012	**0.234**	**0.207**	**−0.150**	1						
Shrcr1	**0.031**	**0.047**	**0.230**	**0.279**	**0.073**	**−0.143**	1					
Leverage	**0.027**	0.012	**0.170**	**0.354**	**−0.410**	**0.254**	**0.028**	1				
Tq	**−0.151**	**−0.118**	**−0.143**	**−0.374**	**0.171**	**0.105**	**−0.172**	**−0.216**	1			
ceodual	**−0.038**	**−0.026**	**−0.175**	**−0.084**	0.032	**−0.111**	**−0.085**	**−0.075**	0.048	1		
Ide	0.019	**−0.024**	**−0.028**	**0.100**	**−0.028**	−0.021	**0.035**	**0.034**	0.012	**0.083**	1	
Bsize	0.023	**0.038**	**0.191**	**0.226**	**0.030**	−0.032	**0.047**	**0.067**	**−0.135**	**−0.097**	**−0.325**	1

注：受篇幅限制，回归模型变量的 Pearson 相关系数矩阵的变量名行向量用数字替代，其分别对应的变量名为：beta（1），Slack（2），SOE（3），Size（4），ROA（5），Firmage（6），Shrcr1（7），Leverage（8），Tq（9），ceodual（10），Ide（11），Bsize（12）。表中系数若为加粗形式则表示该相关系数显著（显著水平未报告），若未加粗则表示该相关系数不显著。

（三）假说检验结果及分析

现对本章中的式（5-3）至式（5-5）进行统计回归检验，回归检验的结果即假说5.1、假说5.2和假说5.3的验证情况。实际回归时先对全样本进行回归，再将样本分为国有企业和民营企业两个子样本分别进行回归检验，三次检验结果均列示在同一表格中。

1. 假说5.1 的检验结果

假说5.1 是关于公司预算松弛程度与公司价值的相关性，其检验结果由式（5-3）的统计回归结果呈现，详情如表5-8 所示。

表5-8　预算松弛与公司价值的相关性

Variables	Tq	Tq	Tq
	All	SOE = 1	SOE = 0
Slack	−0.043*	−0.009	−0.071**
	(−1.89)	(−0.37)	(−2.24)
SOE	−0.035	Yes	Yes
	(−0.79)	/	/
Size	−0.435***	−0.361***	−0.615***
	(−18.75)	(−14.35)	(−14.87)
ROA	4.443***	3.712***	5.621***
	(8.83)	(6.30)	(6.72)
Firmage	0.296***	0.168***	0.419***
	(10.94)	(5.24)	(9.62)
Shrcr1	0.013	0.072	−0.319*
	(0.11)	(0.50)	(−1.71)
Leverage	0.171	−0.098	0.530***
	(1.39)	(−0.66)	(2.60)
ceodual	0.012	−0.044	0.102*
	(0.28)	(−0.93)	(1.71)
Ide	0.708**	0.470	0.051
	(2.19)	(1.30)	(0.09)
Bsize	0.148	0.041	0.256
	(1.39)	(0.38)	(1.14)
Constant	9.514***	8.607***	12.387***
	(18.00)	(15.88)	(11.82)
IndustryFE	Yes	Yes	Yes
YearFE	Yes	Yes	Yes
N	5010	3234	1776
adj. R^2	0.481	0.466	0.534

注：①括号内的 t 值是经过 White 异方差处理以及公司层面的聚群（Cluster）调整后的结果；②***、**、*分别表示在1%、5%、10%的水平上显著。

从表5-8 的统计回归结果可以看出，公司预算松弛程度与公司价值显著负相关（β=−0.043，p<0.1），假说5.1 得到了支持。当预算松弛被看作是一种影响公司预算计划实施效率的现象时，它由公司内部向市场所传递出的信号

是不良的。市场内投资者与证券分析师在分析预算松弛所包含的信号时，由本研究的实证结果来看，他们对预算松弛仍是持不看好的态度，认为预算松弛会对公司的发展产生不良的影响，这种看法会使得他们改变投资策略。在有效市场内，投资者的策略调整会直接反映在股价变动上（Fama，1970），公司的市场估值也会受到影响。关于预算松弛与公司价值显著负相关的实证研究结果，也从侧面反映出我国的经济市场是有效的以及市场内的投资者具有理性分析能力。

另外，控制变量与公司价值的回归结果显示，公司盈利能力越高则其价值越高，说明业绩水平直接关系到市场对公司的整体估值。公司年龄越大则其价值越高，说明公司越成熟市场对其估值越大，市场内的投资者更加看好公司的稳定发展能力。

2. 假说 5.2 的检验结果

假说 5.2 是关于公司预算松弛程度与公司未来年度的盈余管理水平的相关性，其检验结果由式（5-4）的统计回归结果呈现，详情如表 5-9 所示。

表5-9 预算松弛与公司未来年度盈余管理水平的相关性

Variables	Da	Da	Da
	All	SOE = 1	SOE = 0
Slack	−0.004 **	0.000	−0.008 **
	(−2.05)	(0.15)	(−2.43)
SOE	0.005	Yes	Yes
	(1.42)	/	/
Size	0.002	0.001	0.006
	(1.28)	(0.64)	(1.44)
Firmage	−0.009 ***	−0.002	−0.018 ***
	(−3.26)	(−0.70)	(−4.12)
Shrcr1	−0.014	−0.004	−0.036 *
	(−1.18)	(−0.29)	(−1.93)
ROA	0.094 ***	0.147 ***	0.003
	(2.78)	(3.75)	(0.06)
Balance	0.008	0.012	−0.005
	(0.57)	(0.72)	(−0.18)
Leverage	−0.020 **	−0.016	−0.026
	(−2.04)	(−1.47)	(−1.38)
Tq	0.001 **	0.001 *	0.002
	(2.28)	(1.66)	(1.56)

续表

Variables	Da	Da	Da
	All	SOE＝1	SOE＝0
ceodual	−0.002	−0.005	0.001
	(−0.46)	(−0.83)	(0.14)
Ide	0.009	−0.001	0.011
	(0.29)	(−0.04)	(0.21)
Bsize	0.003	0.003	0.007
	(0.42)	(0.36)	(0.40)
Constant	−0.043	−0.028	−0.089
	(−0.99)	(−0.56)	(−1.07)
IndustryFE	Yes	Yes	Yes
YearFE	Yes	Yes	Yes
N	5106	3285	1821
adj. R^2	0.045	0.042	0.071

注：①括号内的 t 值是经过 White 异方差处理以及公司层面的聚群（Cluster）调整后的结果；②＊＊＊、＊＊、＊分别表示在 1%、5%、10%的水平上显著。

从表 5-9 中的统计回归结果可以看出，公司预算松弛程度与公司未来年度的盈余管理水平显著负相关（β＝−0.003，p<0.1），假说 5.2 得到了支持。公司的预算松弛会对其下一年的盈余管理水平产生抑制作用，说明公司的管理者在意识到公司本年度的预算松弛程度较高时，出于保守的态度，他们将在下一年度的盈余管理中更加谨慎，这反映出应计盈余管理水平的下降。而预算松弛的存在本来就会降低管理者的业绩考核目标，管理者的货币薪酬更容易达到一个更高的水平。公司的预算松弛程度一般会在本期末经营结束后体现出来，管理者在接收到本期预算松弛程度较大的信号后，他们为了增加自身收益而去进行盈余管理活动的动机会削弱，这就反映为预算松弛会使得公司下一期的盈余管理水平降低。

另外，各控制变量与公司未来年度的盈余管理水平的回归结果显示，公司股权性质与盈余管理水平显著正相关，这说明国企内的盈余管理现象更严重。公司盈利能力与盈余管理水平显著正相关，这与已有的相关研究结论相符（薄仙慧和吴联生，2009；雷光勇和刘慧龙，2006；孙健等，2016；Dechow et al.，1995）。

3. 假说 5.3 的检验结果

假说 5.3 是关于公司预算松弛程度与公司承担市场风险的相关性，其检验结果由式（5-5）的统计回归结果呈现，详细情况如表5-10所示。

表5-10　预算松弛与公司承担市场风险的相关性

Variables	beta	beta	beta
	All	SOE=1	SOE=0
Slack	0.009 **	0.008	0.010 *
	(2.11)	(1.39)	(1.70)
SOE	0.020 **	Yes	Yes
	(1.99)	/	/
Size	0.015 ***	0.007	0.028 ***
	(2.67)	(1.13)	(3.03)
ROA	−0.324 ***	−0.184 *	−0.565 ***
	(−4.05)	(−1.90)	(−3.81)
Firmage	0.017 **	0.011	0.026 **
	(2.44)	(1.11)	(2.50)
Shrcr1	−0.043	−0.045	−0.019
	(−1.46)	(−1.20)	(−0.42)
Leverage	−0.088 ***	−0.079 **	−0.144 ***
	(−3.46)	(−2.39)	(−3.68)
Tq	−0.027 ***	−0.033 ***	−0.021 ***
	(−4.92)	(−4.11)	(−2.77)
ceodual	−0.022 *	−0.033 *	−0.009
	(−1.92)	(−1.89)	(−0.59)
Ide	−0.005	−0.067	0.081
	(−0.06)	(−0.65)	(0.57)
Bsize	0.014	0.022	0.012
	(0.60)	(0.82)	(0.28)
Constant	0.674 ***	0.885 ***	0.464 **
	(5.01)	(5.68)	(2.00)
IndustryFE	Yes	Yes	Yes
YearFE	Yes	Yes	Yes
N	4843	3206	1637
adj. R^2	0.288	0.300	0.274

注：①括号内的 t 值是经过 White 异方差处理以及公司层面的聚群（Cluster）调整后的结果；②***、**、*分别表示在1%、5%、10%的水平上显著。

从表5-10的统计回归结果可以看出，公司预算松弛程度与公司承担的市场风险水平显著正相关（β=0.009，p<0.05），假说5.3得到了支持。预算松弛作为企业高管自利行为的一种策略选择，会对公司的利益造成损害，预期可

以通过本章的研究得到预算松弛为公司带来负面影响的证据。目前公司承担市场风险与公司利益的关系在学术界并未得到统一的结论，因此需要从正反两面来看待预算松弛通过影响公司承担市场风险而为公司利益带来的后果。企业在日常的经营活动中由于预算松弛的存在，其所承担的市场风险会增加，那么企业所面临的经营不确定性也会增加，企业也更容易出现亏损，这对企业来说是十分不利的。同时，还需要注意到企业风险的正面作用，保证企业所承担的风险水平被控制在合理的范围内，才能使企业取得长期良好发展的优势。有关研究证明，当企业承担较高风险时，其资本积累的能力和盈利能力也会相对较高（Fiegenbaum and Thomas，1988；Hilary and Hui，2009），此时企业可以在长期发展中占据优势。

另外，控制变量与企业风险的回归结果显示，公司的所有权性质与企业风险显著正相关，说明国有企业所承担的市场风险水平更高。公司规模与企业风险显著正相关，说明企业的规模越大、业务范围越广则其面临的市场风险更大。然而，公司的业绩水平越高其承担的市场风险越小，公司的成长性越高其承担的市场风险也越小。

四、稳健性检验

（一）变量的替代性检验

1. 自变量的替代性检验

（1）预算松弛的重构指标之一。参考第四章中稳健性检验的做法，此处预算松弛是作为关键自变量出现的。预算松弛的测度方式并不是唯一的，现参考上一章的做法，根据郑石桥等（2008）、雒敏（2010）的研究，重新构造测度公司预算松弛程度的指标如下：

$$Slack' = \hat{G}_{n-1} - \frac{(I_n^* - I_{n-1})}{I_{n-1}} \tag{5-6}$$

其中，I_n^* 表示企业年报中自愿披露的第 n 年主营业务收入预算数；I_{n-1} 表示企业第 n-1 年的主营业务收入实际值；$\hat{G}_{n-1}$ 表示第 n-1 年企业所处行业的平均主营业务收入增长率。

现利用重新构造的预算松弛测度指标（Slack'）作为自变量的替代性变量对本章提出的三条假说重新进行回归检验，检验结果如表 5-11 至表 5-13 所示。

表 5-11 自变量的替代性检验之指标一（公司市场价值）

Variables	Tq	Tq	Tq
	All	SOE = 1	SOE = 0
Slack′	−0.042*	−0.006	−0.077**
	(−1.73)	(−0.22)	(−2.20)
SOE	−0.054	Yes	Yes
	(−1.19)	/	/
Size	−0.411***	−0.341***	−0.593***
	(−17.56)	(−13.44)	(−13.58)
ROA	1.032***	0.913***	1.371***
	(6.33)	(5.45)	(3.84)
Firmage	0.286***	0.158***	0.415***
	(10.60)	(4.98)	(9.33)
Shrcr1	0.037	0.084	−0.275
	(0.32)	(0.57)	(−1.43)
Leverage	−0.213*	−0.396***	0.013
	(−1.76)	(−2.76)	(0.06)
ceodual	0.015	−0.046	0.111*
	(0.35)	(−0.96)	(1.79)
Ide	0.579*	0.385	−0.153
	(1.77)	(1.07)	(−0.25)
Bsize	0.158	0.041	0.312
	(1.48)	(0.38)	(1.39)
Constant	9.270***	8.402***	12.191***
	(17.39)	(15.39)	(11.13)
IndustryFE	Yes	Yes	Yes
YearFE	Yes	Yes	Yes
N	5010	3234	1776
adj. R²	0.461	0.453	0.506

注：①括号内的 t 值是经过 White 异方差处理以及公司层面的聚群（Cluster）调整后的结果；②***、**、*分别表示在1%、5%、10%的水平上显著。

从表 5-11 的统计回归结果可以看出，在替换了自变量预算松弛的测度方法后，预算松弛与公司市场价值显著负相关，假说 5.1 仍得到了支持，说明原假说的回归检验结果是稳定的。

从表 5-12 的统计回归结果可以看出，在替换了自变量预算松弛的测度方法后，预算松弛与公司未来年度的盈余管理水平显著负相关，假说 5.2 仍得到了支持，说明原假说的回归检验结果是稳定的。

表 5-12　自变量的替代性检验之指标一（公司未来年度盈余管理水平）

Variables	Da	Da	Da
	All	SOE = 1	SOE = 0
Slack′	−0.004 **	0.000	−0.008 **
	(−2.05)	(0.15)	(−2.43)
SOE	0.005	Yes	Yes
	(1.42)	/	/
Size	0.002	0.001	0.006
	(1.28)	(0.64)	(1.44)
Firmage	−0.009 ***	−0.002	−0.018 ***
	(−3.26)	(−0.70)	(−4.12)
Shrcr1	−0.014	−0.004	−0.036 *
	(−1.18)	(−0.29)	(−1.93)
ROA	0.094 ***	0.147 ***	0.003
	(2.78)	(3.75)	(0.06)
Balance	0.008	0.012	−0.005
	(0.57)	(0.72)	(−0.18)
Leverage	−0.020 **	−0.016	−0.026
	(−2.04)	(−1.47)	(−1.38)
Tq	0.001 **	0.001 *	0.002
	(2.28)	(1.66)	(1.56)
ceodual	−0.002	−0.005	0.001
	(−0.46)	(−0.83)	(0.14)
Ide	0.009	−0.001	0.011
	(0.29)	(−0.04)	(0.21)
Bsize	0.003	0.003	0.007
	(0.42)	(0.36)	(0.40)
Constant	−0.047	−0.028	−0.097
	(−1.08)	(−0.56)	(−1.18)
IndustryFE	Yes	Yes	Yes
YearFE	Yes	Yes	Yes
N	5106	3285	1821
adj. R^2	0.045	0.042	0.071

注：①括号内的 t 值是经过 White 异方差处理以及公司层面的聚群（Cluster）调整后的结果；②***、**、*分别表示在 1%、5%、10% 的水平上显著。

　　从表 5-13 的统计回归结果可以看出，在替换了自变量预算松弛的测度方法后，预算松弛与公司承担的市场风险显著正相关，假说 5.3 仍得到了支持，说明原假说的回归检验结果是稳定的。

表 5-13　自变量的替代性检验之指标一（公司承担的市场风险）

Variables	beta	beta	beta
	All	SOE = 1	SOE = 0
Slack′	0.009**	0.008	0.010*
	(2.11)	(1.39)	(1.70)
SOE	0.020**	Yes	Yes
	(1.99)	/	/
Size	0.015***	0.007	0.028***
	(2.67)	(1.13)	(3.03)
ROA	-0.324***	-0.184*	-0.565***
	(-4.05)	(-1.90)	(-3.81)
Firmage	0.017**	0.011	0.026**
	(2.44)	(1.11)	(2.50)
Shrcr1	-0.043	-0.045	-0.019
	(-1.46)	(-1.20)	(-0.42)
Leverage	-0.088***	-0.079**	-0.144***
	(-3.46)	(-2.39)	(-3.68)
Tq	-0.027***	-0.033***	-0.021***
	(-4.92)	(-4.11)	(-2.77)
ceodual	-0.022*	-0.033*	-0.009
	(-1.92)	(-1.89)	(-0.59)
Ide	-0.005	-0.067	0.081
	(-0.06)	(-0.65)	(0.57)
Bsize	0.014	0.022	0.012
	(0.60)	(0.82)	(0.28)
Constant	0.682***	0.893***	0.474**
	(5.08)	(5.73)	(2.05)
IndustryFE	Yes	Yes	Yes
YearFE	Yes	Yes	Yes
N	4843	3206	1637
adj. R^2	0.288	0.300	0.274

注：①括号内的 t 值是经过 White 异方差处理以及公司层面的聚群（Cluster）调整后的结果；
②***、**、*分别表示在 1%、5%、10%的水平上显著。

（2）预算松弛的重构指标之二。参考郑石桥等（2008）、雒敏（2010）的研究构造出的新预算松弛测度指标（Slack′）在进行替代自变量的稳健性回归时，发现检验结果中各自变量系数与原回归结果相差不大。原因可能是重新构造的预算松弛指标（Slack′）与原指标（Slack）实际数值相差 1，回归结果也就相差无几。

原预算松弛指标的内涵实际是通过比较公司主营业务收入的预计增长率与公司所处行业平均主营业务收入增长率的大小，来确定公司预算松弛的程度。结合预算松弛指标构造的内涵，现将行业平均主营业务收入增长率替换为分析师关于主营业务收入预测数（sales forecast）的增长率，重新构造出一个预算松弛的测度指标（Slack″）如下：

$$\text{Slack}'' = \hat{A}_{n-1} - \frac{(I_n^* - I_{n-1})}{I_{n-1}} \tag{5-7}$$

其中，I_n^* 表示企业年报中自愿披露的第 n 年主营业务收入预算数；I_{n-1} 表示企业第 n-1 年的主营业务收入实际值；$\hat{A}_{n-1}$ 表示第 n-1 年企业的分析师关于主营业务收入预测数的增长率。

现利用此处重新构造的预算松弛测度指标之二（Slack″）作为自变量的替代性变量，对本章的研究假说进行稳健性回归检验，检验结果如表 5-14 至表 5-16 所示。

表 5-14　自变量的替代性检验之指标二（公司市场价值）

Variables	Tq	Tq	Tq
	All	SOE = 1	SOE = 0
Slack″	−0.049*	−0.005	−0.091**
	(−1.81)	(−0.18)	(−2.33)
SOE	−0.054	Yes	Yes
	(−1.19)	/	/
Size	−0.411***	−0.341***	−0.592***
	(−17.58)	(−13.45)	(−13.64)
ROA	1.032***	0.913***	1.372***
	(6.33)	(5.45)	(3.85)
Firmage	0.286***	0.158***	0.415***
	(10.60)	(4.98)	(9.32)
Shrcr1	0.037	0.084	−0.277
	(0.32)	(0.57)	(−1.44)
Leverage	−0.213*	−0.396***	0.009
	(−1.77)	(−2.75)	(0.04)
ceodual	0.014	−0.046	0.109*
	(0.34)	(−0.96)	(1.76)
Ide	0.579*	0.385	−0.165
	(1.77)	(1.06)	(−0.27)
Bsize	0.158	0.041	0.312
	(1.48)	(0.38)	(1.39)

续表

Variables	Tq	Tq	Tq
	All	SOE = 1	SOE = 0
Constant	9.273***	8.403***	12.192***
	(17.39)	(15.39)	(11.14)
IndustryFE	Yes	Yes	Yes
YearFE	Yes	Yes	Yes
N	5010	3234	1776
adj. R^2	0.461	0.453	0.507

注：①括号内的 t 值是经过 White 异方差处理以及公司层面的聚群（Cluster）调整后的结果；
② *** 、 ** 、* 分别表示在1%、5%、10%的水平上显著。

从表5-14的统计回归结果可以看出，在用预算松弛重构指标之二替换原自变量后，预算松弛与公司市场价值显著负相关，假说5.1仍得到了支持，说明原假说的回归检验结果是稳定的。

表5-15 自变量的替代性检验之指标二（公司未来年度盈余管理水平）

Variables	Da	Da	Da
	All	SOE = 1	SOE = 0
Slack″	−0.004*	0.001	−0.007**
	(−1.76)	(0.21)	(−2.13)
SOE	0.005	Yes	Yes
	(1.40)	/	/
Size	0.002	0.001	0.006
	(1.27)	(0.64)	(1.42)
Firmage	−0.008***	−0.002	−0.017***
	(−3.25)	(−0.70)	(−4.11)
Shrcr1	−0.014	−0.004	−0.036*
	(−1.17)	(−0.29)	(−1.90)
ROA	0.093***	0.147***	0.003
	(2.76)	(3.75)	(0.05)
Balance	0.008	0.012	−0.004
	(0.58)	(0.72)	(−0.16)
Leverage	−0.020**	−0.016	−0.026
	(−2.04)	(−1.47)	(−1.36)
Tq	0.001**	0.001*	0.002
	(2.28)	(1.66)	(1.58)
ceodual	−0.002	−0.005	0.001
	(−0.47)	(−0.83)	(0.14)

续表

Variables	Da	Da	Da
	All	SOE = 1	SOE = 0
Ide	0.009	−0.002	0.012
	(0.30)	(−0.04)	(0.22)
Bsize	0.003	0.003	0.006
	(0.41)	(0.36)	(0.39)
Constant	−0.046	−0.028	−0.095
	(−1.06)	(−0.56)	(−1.15)
IndustryFE	Yes	Yes	Yes
YearFE	Yes	Yes	Yes
N	5106	3285	1821
adj. R^2	0.045	0.042	0.069

注：①括号内的 t 值是经过 White 异方差处理以及公司层面的聚群（Cluster）调整后的结果；②***、**、*分别表示在 1%、5%、10%的水平上显著。

从表 5-15 的统计回归结果可以看出，在用预算松弛重构指标之二替换原自变量后，预算松弛与公司未来年度的盈余管理水平显著负相关，假说 5.2 仍得到了支持，说明原假说的回归检验结果是稳定的。

表 5-16　自变量的替代性检验之指标二（公司承担的市场风险）

Variables	beta	beta	beta
	All	SOE = 1	SOE = 0
Slack″	0.009**	0.009	0.010
	(2.07)	(1.39)	(1.60)
SOE	0.020**	Yes	Yes
	(1.99)	/	/
Size	0.015***	0.007	0.028***
	(2.66)	(1.13)	(3.03)
ROA	−0.323***	−0.183*	−0.565***
	(−4.04)	(−1.89)	(−3.80)
Firmage	0.017**	0.010	0.026**
	(2.43)	(1.10)	(2.49)
Shrcr1	−0.043	−0.045	−0.019
	(−1.47)	(−1.20)	(−0.42)
Leverage	−0.088***	−0.079**	−0.144***
	(−3.46)	(−2.39)	(−3.68)
Tq	−0.027***	−0.033***	−0.021***
	(−4.92)	(−4.11)	(−2.77)

续表

Variables	beta	beta	beta
	All	SOE = 1	SOE = 0
ceodual	−0.022 * (−1.91)	−0.032 * (−1.88)	−0.009 (−0.58)
Ide	−0.005 (−0.06)	−0.068 (−0.65)	0.081 (0.57)
Bsize	0.014 (0.60)	0.023 (0.82)	0.012 (0.29)
Constant	0.681 *** (5.07)	0.892 *** (5.73)	0.471 ** (2.04)
IndustryFE	Yes	Yes	Yes
YearFE	Yes	Yes	Yes
N	4843	3206	1637
adj. R^2	0.288	0.300	0.274

注：①括号内的 t 值是经过 White 异方差处理以及公司层面的聚群（Cluster）调整后的结果；② *** 、 ** 、 * 分别表示在 1%、5%、10% 的水平上显著。

从表 5-16 的统计回归结果可以看出，在用预算松弛重构指标之二替换原自变量后，预算松弛与公司承担的市场风险显著正相关，假说 5.3 仍得到了支持，说明原假说的回归检验结果是稳定的。

2. 控制变量的替代性检验

现将式（5-3）中的公司盈利能力控制变量测度指标替换为 ROE，即净资产收益率。重新对假说 5.1 进行回归检验，结果如表 5-17 所示。

表 5-17　控制变量的替代性检验（公司市场价值）

Variables	Tq	Tq	Tq
	All	SOE = 1	SOE = 0
Slack	−0.042 * (−1.73)	−0.006 (−0.22)	−0.077 ** (−2.20)
SOE	−0.054 (−1.19)	Yes /	Yes /
Size	−0.411 *** (−17.56)	−0.341 *** (−13.44)	−0.593 *** (−13.58)
ROE	1.032 *** (6.33)	0.913 *** (5.45)	1.371 *** (3.84)
Firmage	0.286 *** (10.60)	0.158 *** (4.98)	0.415 *** (9.33)

续表

Variables	Tq	Tq	Tq
	All	SOE = 1	SOE = 0
Shrcr1	0.037	0.084	−0.275
	(0.32)	(0.57)	(−1.43)
Leverage	−0.213*	−0.396***	0.013
	(−1.76)	(−2.76)	(0.06)
ceodual	0.015	−0.046	0.111*
	(0.35)	(−0.96)	(1.79)
Ide	0.579*	0.385	−0.153
	(1.77)	(1.07)	(−0.25)
Bsize	0.158	0.041	0.312
	(1.48)	(0.38)	(1.39)
Constant	9.312***	8.407***	12.268***
	(17.39)	(15.38)	(11.18)
IndustryFE	Yes	Yes	Yes
YearFE	Yes	Yes	Yes
N	5010	3234	1776
adj. R^2	0.461	0.453	0.506

注：①括号内的 t 值是经过 White 异方差处理以及公司层面的聚群（Cluster）调整后的结果；②***、**、*分别表示在 1%、5%、10%的水平上显著。

从表 5-17 的统计回归结果可以看出，公司预算松弛程度与公司价值显著负相关（β=−0.042，p<0.1），假说 5.1 得到了支持。在更换了控制变量中公司盈利能力的测度方法后，检验结果仍然支持了原假说，说明原假说的检验结果是比较稳定的。

现将式（5-4）中的公司成长性控制变量测度指标替换为年末市净率（PBR）（纪志明，2005），重新对假说 5.2 进行回归检验，结果如表 5-18 所示。

表 5-18　控制变量的替代性检验（公司未来年度盈余管理水平）

Variables	Da	Da	Da
	All	SOE = 1	SOE = 0
Slack	−0.004**	0.000	−0.008**
	(−2.05)	(0.15)	(−2.43)
SOE	0.005	Yes	Yes
	(1.42)	/	/

续表

Variables	Da	Da	Da
	All	SOE = 1	SOE = 0
Size	0.002	0.001	0.006
	(1.28)	(0.64)	(1.44)
Firmage	−0.009***	−0.002	−0.018***
	(−3.26)	(−0.70)	(−4.12)
Shrcr1	−0.014	−0.004	−0.036*
	(−1.18)	(−0.29)	(−1.93)
ROA	0.094***	0.147***	0.003
	(2.78)	(3.75)	(0.06)
Balance	0.008	0.012	−0.005
	(0.57)	(0.72)	(−0.18)
Leverage	−0.020**	−0.016	−0.026
	(−2.04)	(−1.47)	(−1.38)
PBR	0.001**	0.001*	0.002
	(2.28)	(1.66)	(1.56)
ceodual	−0.002	−0.005	0.001
	(−0.46)	(−0.83)	(0.14)
Ide	0.009	−0.001	0.011
	(0.29)	(−0.04)	(0.21)
Bsize	0.003	0.003	0.007
	(0.42)	(0.36)	(0.40)
Constant	−0.043	−0.028	−0.089
	(−0.99)	(−0.56)	(−1.07)
IndustryFE	Yes	Yes	Yes
YearFE	Yes	Yes	Yes
N	5106	3285	1821
adj. R^2	0.045	0.042	0.071

注：①括号内的 t 值是经过 White 异方差处理以及公司层面的聚群（Cluster）调整后的结果；
②***、**、*分别表示在1%、5%、10%的水平上显著。

从表5-18的统计回归结果可以看出，公司预算松弛程度与公司未来年度的盈余管理水平显著负相关（β = −0.004，p < 0.05），假说5.2得到了支持。在更换了控制变量中公司成长性的测度方法后，检验结果仍然支持了原假说，说明原假说的检验结果是比较稳定的。

现将式（5-5）中的公司成长性控制变量测度指标替换为年末市净率（PBR）（纪志明，2005），重新对假说5.3进行回归检验，结果如表5-19所示。

表5-19 控制变量的替代性检验（公司承担的市场风险）

Variables	beta	beta	beta
	All	SOE=1	SOE=0
Slack	0.008**	0.008	0.008
	(1.97)	(1.43)	(1.34)
SOE	0.020**	Yes	Yes
	(2.10)	/	/
Size	0.013**	0.007	0.025***
	(2.49)	(1.06)	(2.86)
ROA	-0.329***	-0.199**	-0.526***
	(-4.08)	(-2.04)	(-3.67)
Firmage	0.011*	0.008	0.021**
	(1.75)	(0.89)	(2.15)
Shrcr1	-0.028	-0.025	-0.011
	(-0.98)	(-0.68)	(-0.25)
Leverage	-0.037	-0.017	-0.097**
	(-1.34)	(-0.48)	(-2.35)
PBR	-0.009***	-0.010***	-0.009***
	(-5.82)	(-5.10)	(-3.54)
ceodual	-0.020*	-0.030*	-0.007
	(-1.84)	(-1.78)	(-0.52)
Ide	-0.005	-0.060	0.073
	(-0.06)	(-0.58)	(0.53)
Bsize	0.022	0.032	0.014
	(0.93)	(1.17)	(0.36)
Constant	0.649***	0.824***	0.511**
	(4.92)	(5.51)	(2.33)
IndustryFE	Yes	Yes	Yes
YearFE	Yes	Yes	Yes
N	4923	3249	1674
adj. R^2	0.291	0.302	0.281

注：①括号内的 t 值是经过 White 异方差处理以及公司层面的聚群（Cluster）调整后的结果；②***、**、*分别表示在1%、5%、10%的水平上显著。

从表5-19的统计回归结果可以看出，公司预算松弛程度与公司所承担的市场风险水平显著正相关（β=0.008，p<0.05），假说5.3得到了支持。在更换了控制变量中公司成长性的测度方法后，检验结果仍然支持了原假说，说明原假说的检验结果是比较稳定的。

（二）更换样本研究期间

张先治等（2014）认为，会计准则的变革会对企业的行为产生重要影响，笔者发现会计准则的变革引导了企业对长期发展的考虑，从而优化了企业的融资投资、内部治理等行为。会计准则的变革常常会引起公司盈余管理（刘永涛等，2011；毛新述和戴德明，2009；沈烈和张西萍，2007）、价值相关性（刘永泽和孙翯，2011）、投资行为（毛新述和余德慧，2013；张先治和崔莹，2015）、股市表现（高芳和博仁辉，2012；金智，2010）等变化。沈烈和张西萍（2007）认为，新的会计准则会导致公司盈余管理的变化，总体上抑制作用大于促进作用。因此，2007年前后的公司盈余管理行为的特点应该存在较大区别。另外，新的会计准则还会促使企业向资本经营类型转变（张先治和崔莹，2015）。

考虑到我国2007年开始实施新会计准则的举措，上市公司的治理理念和管理行为发生了不小的变化，公司的经济后果也会受到一定影响。因此，现将样本研究区间修改为2007~2015年，重新对本章所有假说进行稳健性回归检验，回归结果如表5-20至表5-22所示。

表5-20　更换样本研究期间的回归结果（公司市场价值）

Variables	Tq	Tq	Tq
	All	SOE=1	SOE=0
Slack	−0.052**	−0.012	−0.086***
	(−2.10)	(−0.43)	(−2.60)
SOE	−0.033	Yes	Yes
	(−0.69)	/	/
Size	−0.453***	−0.376***	−0.635***
	(−18.43)	(−14.08)	(−14.90)
ROA	4.686***	3.794***	6.146***
	(8.62)	(5.93)	(6.86)
Firmage	0.318***	0.179***	0.441***
	(10.95)	(4.90)	(9.79)
Shrcr1	0.035	0.092	−0.334*
	(0.28)	(0.57)	(−1.72)
Leverage	0.147	−0.123	0.484**
	(1.11)	(−0.75)	(2.38)
ceodual	0.011	−0.051	0.108*
	(0.23)	(−0.94)	(1.78)

续表

Variables	Tq	Tq	Tq
	All	SOE=1	SOE=0
Ide	0.782**	0.555	0.026
	(2.28)	(1.45)	(0.04)
Bsize	0.185	0.049	0.332
	(1.61)	(0.42)	(1.42)
Constant	10.568***	9.777***	13.440***
	(18.98)	(17.04)	(13.08)
IndustryFE	Yes	Yes	Yes
YearFE	Yes	Yes	Yes
N	4518	2857	1661
adj. R^2	0.476	0.459	0.542

注：①括号内的 t 值是经过 White 异方差处理以及公司层面的聚群（Cluster）调整后的结果；②***、**、*分别表示在 1%、5%、10%的水平上显著。

表 5-20 为修改样本研究区间后对假说 5.1 的稳健性检验结果，可以发现，预算松弛（Slack）与公司价值的相关系数显著为负（β=-0.052，p<0.05）。因此，更换样本研究期间的稳健性检验结果仍然支持了假说 5.1。

表 5-21　更换样本研究期间的回归结果（公司未来年度盈余管理水平）

Variables	Da	Da	Da
	All	SOE=1	SOE=0
Slack	-0.004**	0.001	-0.009**
	(-1.96)	(0.27)	(-2.42)
SOE	0.005	Yes	Yes
	(1.32)	/	/
Size	0.003	0.001	0.008**
	(1.60)	(0.69)	(2.12)
Firmage	-0.008***	-0.001	-0.017***
	(-3.06)	(-0.17)	(-4.06)
Shrcr1	-0.017	-0.007	-0.037**
	(-1.39)	(-0.50)	(-1.97)
ROA	0.055	0.127***	-0.062
	(1.51)	(3.14)	(-1.01)
Balance	0.009	0.016	-0.004
	(0.63)	(0.89)	(-0.13)
Leverage	-0.018*	-0.011	-0.028
	(-1.78)	(-0.97)	(-1.55)

续表

Variables	Da	Da	Da
	All	SOE = 1	SOE = 0
Tq	0.001 **	0.001 *	0.002 *
	(2.31)	(1.66)	(1.71)
ceodual	−0.001	−0.007	0.003
	(−0.33)	(−1.19)	(0.43)
Ide	0.007	−0.001	0.014
	(0.22)	(−0.03)	(0.26)
Bsize	0.005	0.005	0.006
	(0.61)	(0.56)	(0.36)
Constant	−0.082 **	−0.070	−0.186 **
	(−2.08)	(−1.58)	(−2.31)
IndustryFE	Yes	Yes	Yes
YearFE	Yes	Yes	Yes
N	4609	2904	1705
adj. R^2	0.040	0.037	0.070

注：①括号内的 t 值是经过 White 异方差处理以及公司层面的聚群（Cluster）调整后的结果；
② *** 、 ** 、 * 分别表示在 1%、5%、10% 的水平上显著。

表5-21 为修改样本研究区间后对假说 5.2 的稳健性检验结果，可以发现，预算松弛（Slack）与公司未来年度的盈余管理水平的相关系数显著为负（β=−0.004，p<0.05）。因此，更换样本研究期间的稳健性检验结果仍然支持了假说 5.2。

表5-22　更换样本研究期间的回归结果（公司承担的市场风险）

Variables	beta	beta	beta
	All	SOE = 1	SOE = 0
Slack	0.008 *	0.004	0.011
	(1.81)	(0.72)	(1.63)
SOE	0.019 *	Yes	Yes
	(1.88)	/	/
Size	0.015 ***	0.007	0.030 ***
	(2.59)	(1.00)	(3.18)
ROA	−0.266 ***	−0.095	−0.574 ***
	(−3.06)	(−0.93)	(−3.49)
Firmage	0.018 ***	0.012	0.029 ***
	(2.60)	(1.23)	(2.74)

Variables	beta	beta	beta
	All	SOE=1	SOE=0
Shrcr1	−0.046	−0.061	0.003
	(−1.49)	(−1.59)	(0.06)
Leverage	−0.077***	−0.053	−0.164***
	(−2.91)	(−1.52)	(−4.13)
Tq	−0.027***	−0.032***	−0.021***
	(−4.89)	(−3.90)	(−2.79)
ceodual	−0.021*	−0.038**	−0.006
	(−1.77)	(−2.04)	(−0.39)
Ide	0.002	−0.032	0.044
	(0.02)	(−0.31)	(0.30)
Bsize	0.004	0.015	−0.001
	(0.17)	(0.53)	(−0.03)
Constant	0.691***	0.900***	0.026
	(5.05)	(5.70)	(0.14)
IndustryFE	Yes	Yes	Yes
YearFE	Yes	Yes	Yes
N	4366	2834	1532
adj. R^2	0.305	0.324	0.288

注：①括号内的 t 值是经过 White 异方差处理以及公司层面的聚群（Cluster）调整后的结果；②***、**、*分别表示在1%、5%、10%的水平上显著。

表5-22 为修改样本研究区间后对假说5.3 的稳健性检验结果，可以发现，预算松弛（Slack）与公司承担市场风险的相关系数显著为正（β=0.008，p<0.1）。因此，更换样本研究期间的稳健性检验结果仍然支持了假说5.3。

（三）PSM 检验

预算松弛的建立也可能受到公司本身特征的影响，如行业经济环境波动较大的高科技公司所承担的风险相比于一家稳定发展的公司所承担的风险一般会高，高科技公司也具有将预算制定得较为松弛的习惯。可以看出，企业风险与预算松弛可能存在互为因果的关系，这属于模型的内生性问题，会影响回归结果。另外，自愿披露预算计划的公司可能本身处于良好的发展中，其业绩呈现稳定增长的趋势，而不选择披露预算计划的公司可能近期发展情况较差，这会造成研究样本可能不是随机的，属于样本的自选择问题。现采用 PSM 方法

（倾向评分匹配）来控制样本选择性偏差的问题，同时解决模型的内生性问题。表5-23至表5-25为通过PSM方法处理后，各模型重新回归的结果。

表5-23 预算松弛与公司市场价值的相关性（PSM）

Variables	Tq	Tq	Tq
	All	SOE = 1	SOE = 0
Slack	−0.051*	−0.010	−0.095**
	(−1.85)	(−0.34)	(−2.33)
SOE	−0.052	Yes	Yes
	(−1.15)	/	/
Size	−0.413***	−0.343***	−0.597***
	(−17.67)	(−13.50)	(−13.71)
ROA	1.154***	1.009***	1.559***
	(6.67)	(5.64)	(4.10)
Firmage	0.288***	0.160***	0.417***
	(10.66)	(5.04)	(9.39)
Shrcr1	0.030	0.081	−0.289
	(0.26)	(0.55)	(−1.51)
Leverage	−0.213*	−0.399***	0.019
	(−1.77)	(−2.78)	(0.09)
ceodual	0.014	−0.045	0.107*
	(0.33)	(−0.94)	(1.73)
Ide	0.587*	0.391	−0.146
	(1.80)	(1.08)	(−0.24)
Bsize	0.158	0.042	0.309
	(1.48)	(0.39)	(1.37)
Constant	9.344***	8.431***	12.357***
	(17.45)	(15.42)	(11.25)
IndustryFE	Yes	Yes	Yes
YearFE	Yes	Yes	Yes
N	5010	3234	1776
adj. R^2	0.462	0.454	0.507

注：①括号内的t值是经过White异方差处理以及公司层面的聚群（Cluster）调整后的结果；②***、**、*分别表示在1%、5%、10%的水平上显著。

从表5-23可以看出，公司预算松弛与公司的市场价值在10%的水平上显著负相关，说明公司的预算松弛越大则其价值越低。此结果支持了假说5.1，因此原回归检验结果是稳健的。

表5-24　预算松弛与公司未来年度盈余管理水平的相关性（PSM）

Variables	Da	Da	Da
	All	SOE = 1	SOE = 0
Slack	−0.005 **	0.000	−0.009 **
	(−2.09)	(0.15)	(−2.50)
SOE	0.005	Yes	Yes
	(1.43)	/	/
Size	0.002	0.001	0.006
	(1.29)	(0.68)	(1.42)
Firmage	−0.008 ***	−0.002	−0.017 ***
	(−3.24)	(−0.71)	(−4.10)
Shrcr1	−0.014	−0.004	−0.036 *
	(−1.18)	(−0.29)	(−1.93)
ROA	0.094 ***	0.146 ***	0.006
	(2.77)	(3.71)	(0.10)
Balance	0.008	0.012	−0.005
	(0.56)	(0.71)	(−0.18)
Leverage	−0.020 **	−0.017	−0.025
	(−2.06)	(−1.52)	(−1.35)
Tq	0.002 **	0.001 *	0.002
	(2.34)	(1.72)	(1.55)
ceodual	−0.002	−0.005	0.001
	(−0.47)	(−0.84)	(0.12)
Ide	0.009	−0.002	0.011
	(0.29)	(−0.05)	(0.21)
Bsize	0.003	0.003	0.006
	(0.41)	(0.35)	(0.40)
Constant	−0.043	−0.030	−0.085
	(−0.99)	(−0.59)	(−1.04)
IndustryFE	Yes	Yes	Yes
YearFE	Yes	Yes	Yes
N	5106	3285	1821
adj. R^2	0.045	0.042	0.071

注：①括号内的 t 值是经过 White 异方差处理以及公司层面的聚群（Cluster）调整后的结果；②***、**、*分别表示在1%、5%、10%的水平上显著。

从表5-24可以看出，公司预算松弛与公司未来年度的盈余管理水平在5%的水平上显著负相关，说明公司的预算松弛越大则其下一年度的盈余管理水平越低。此结果支持了假说5.2，因此原回归检验结果是稳健的。

表 5-25　预算松弛与公司承担市场风险的相关性（PSM）

Variables	beta	beta	beta
	All	SOE = 1	SOE = 0
Slack	0.009 **	0.008	0.010 *
	(2.11)	(1.39)	(1.70)
SOE	0.020 **	Yes	Yes
	(1.99)	/	/
Size	0.015 ***	0.007	0.028 ***
	(2.67)	(1.13)	(3.03)
ROA	−0.324 ***	−0.184 *	−0.565 ***
	(−4.05)	(−1.90)	(−3.81)
Firmage	0.017 **	0.011	0.026 **
	(2.44)	(1.11)	(2.50)
Shrcr1	−0.043	−0.045	−0.019
	(−1.46)	(−1.20)	(−0.42)
Leverage	−0.088 ***	−0.079 **	−0.144 ***
	(−3.46)	(−2.39)	(−3.68)
Tq	−0.027 ***	−0.033 ***	−0.021 ***
	(−4.92)	(−4.11)	(−2.77)
ceodual	−0.022 *	−0.033 *	−0.009
	(−1.92)	(−1.89)	(−0.59)
Ide	−0.005	−0.067	0.081
	(−0.06)	(−0.65)	(0.57)
Bsize	0.014	0.022	0.012
	(0.60)	(0.82)	(0.28)
Constant	0.674 ***	0.885 ***	0.464 **
	(5.01)	(5.68)	(2.00)
IndustryFE	Yes	Yes	Yes
YearFE	Yes	Yes	Yes
N	4843	3206	1637
adj. R^2	0.288	0.300	0.274

注：①括号内的 t 值是经过 White 异方差处理以及公司层面的聚群（Cluster）调整后的结果；②***、**、*分别表示在 1%、5%、10%的水平上显著。

从表 5-25 可以看出，公司预算松弛与公司承担的市场风险在 5%的水平上显著正相关，说明公司的预算松弛越大则其承担的市场风险越大。此结果支持了假说 5.3，因此原回归检验结果是稳健的。

从以上各种稳健性检验结果可以看出，本章所建立研究假说的实证回归结果基本稳健。

五、本章小结

预算管理是公司内部控制系统的重要组成部分，而公司的内部控制系统直接影响着公司的经营管理和投资行为，内部控制系统的特点决定了公司的经营结果。预算松弛是预算管理中重要的研究问题之一，它通过影响预算计划的实施，间接对公司的经济特征产生了影响。

第四章的研究结果表明高管建立预算松弛的行为倾向性与其个人背景特征有关，预算松弛属于高管自利的一种策略选择，而这种行为会对公司的利益造成损害。为了充分了解预算松弛可能给公司带来的经济影响，本章研究了预算松弛与公司几类重要的经济特征之间的关系，分别包括公司的市场价值、公司未来年度的盈余管理水平以及公司承担的市场风险水平。

公司的市场价值是市场内投资者对公司未来可能产生现金流的估计贴现值，公司内部信息等通过经营业绩、股利计划等信号传递到市场中，而当预算松弛被看作是一种影响公司预算功能效率的现象时，其向市场传递出了一种不良信号。市场内的投资者和分析师等接收到这种不良信号后，会迅速做出投资调整，这些行为会直接反映在公司的股价变动上（Fama，1970），而股价可以反映出市场投资者对公司的估值，公司价值此时会发生变化。本章的实证研究结果显示，公司的预算松弛程度与公司价值显著负相关，即预算松弛损害了公司的长期价值。这也说明预算松弛向市场传递出的信号被投资者和分析师有效接收，也从侧面反映出我国经济市场的有效性以及投资者具有理性分析的能力。

现代公司由于两权分离的特点不可避免地产生了诸多代理问题，公司的大部分股东需要通过财务报告和信息披露来了解公司的运营情况。出于粉饰公司业绩以争取更多利益并取得公司长远发展的目的，管理层会运用一定的手段对公司的盈余水平进行人为干预。预算松弛的存在会降低管理层的业绩考核目标，管理者更容易取得较高的收益，此时管理者为了提高自身收益而进行盈余管理的动机会被削弱。本章的实证研究结果显示，公司的预算松弛程度与公司未来年度的盈余管理水平显著负相关。这一结论说明建立预算松弛与进行盈余管理都是高管追求个人利益的手段，并且都会对公司的利益造成损害，而建立了预算松弛会削弱高管进行粉饰性盈余管理的动机。

公司承担市场风险水平反映了公司投资时的风险偏好（Lumpkin and Dess，1996）。当企业的管理者在预算编制中已经建立了预算松弛时，其业绩目标难度会显著降低，预算松弛的存在为他们降低了一定的工作失败风险，因此他们更愿去选择风险更高、收益更大的投资项目，此时企业承担的市场风险水平也会相应升高。本章的实证研究结果显示，公司的预算松弛程度与公司承担的市场风险显著正相关。这说明预算松弛的增加会引起公司承担的市场风险水平上升，而对于公司来说，风险的增加可能存在正反两面的作用。学术界关于公司承担风险与公司利益的关系并未得到一致结论，而预算松弛对于风险承担的影响公司应该引起注意，应该将其自身承担的风险水平控制在合理范围内，使公司在长期发展中占据优势。

第六章

结 语

一、研究总结

预算管理是企业内部重要的管理控制手段，它承载着实现企业战略目标、资源规划和强化内部控制等重要职能。预算松弛是影响企业有效实施全面预算管理的一个重要因素，现阶段对预算松弛的研究主要涉及高管行为、组织结构特征、公司治理效果等。本书基于经济学与心理学的交叉视角，结合行为经济学中的心理账户理论、瘾理论以及一些心理学基本观点，研究了具有不同背景特征的公司高管建立预算松弛的行为倾向是否存在区别；还探究了预算松弛可能给公司带来的经济影响，以此全面了解预算松弛可能对公司利益产生的影响，具体分别研究了预算松弛与公司几类重要经济特征所存在的相关关系。现对本书研究所得到的基本结论作如下总结。

（一）预算责任主体背景特征与预算松弛的研究结论

由心理账户理论对预算松弛成因的解释可知，预算松弛是高管自利行为的一种策略选择。当企业高管某些方面的心理因素发生改变时，他们会对预算松弛的策略选择做出相应调整。结合瘾理论对高管建立预算松弛的行为进行分析可知，与高管的"个人资本"或"社会资本"有关的心理因素都可能使其建立预算松弛的行为倾向性发生变化。基于 Hambrick 和 Mason（1984）提出的"高层梯队理论"（Upper Echelons Theory），本书认为预算责任主体的背景特征可以作为其心理结构的替代变量，参考既有研究（池国华等，2014；韩静等，2014；姜付秀等，2012；Han，2019；Hutto et al.，2014；Faccio et al.，2016），本书选取了性别、年龄、学历、相关工作经历、社会属性、任期这六个方面的背景特征来测度高管的基本心理结构。通过对这些心理因素的具体分析，讨论得出高管的相关工作经历和社会属性两个心理特征分别与其个人经济和社会影响相关，因此这两种背景特征可能会影响其建立预算松弛的行为倾向性。由于在预算责任主体层级中掌握决定权的主要为上层高管，因此本书研究了董事会和高管层这两个预算责任层级。另外，考虑到数据的可获得性，选取这两个层级中具有代表性的人物：董事长、CEO 和 CFO 作为本书的主要研究对象。首先，以 CEO 作为高管层的代表性人物，分别针对其相关工作经历和社会属性强度这两项个人特征建立研究假说。其次，讨论了其他的背景特征可能会对管理者建立预算松弛倾向性产生的影响，分别针对董事长和 CFO 这两类责任主体建立了拓展性研究假说。

以 2003～2015 年中国深、沪两市中的全部 A 股上市公司作为研究样本，通过在公司年报中手工收集到的主营业务收入预算指标，计算得到样本公司各年度的预算松弛指标，从国泰安（CSMAR）和万得（Wind）数据库收集研究相关的公司财务指标和高管的个人背景特征质量指标，对本书第四章内所建立的四个研究假说进行了实证检验。

实证研究结果表明：①社会属性越强的 CEO 越重视其个人声誉，因此他们建立预算松弛的程度相对较低；②具有财务或金融相关工作经历的 CEO 相比于没有此类工作经历的 CEO，更具有专业知识的优势且更容易建立较多的预算松弛；③女性董事长相比于男性董事长更追求稳定的成功且厌恶风险，因此她们倾向于通过包含更多预算松弛的预算计划；④学历较高的 CFO 所受到的社会道德观的培养更完善，其形成的个人正义感和道德感更强，相比学历较低的 CFO 更不容易建立预算松弛。

具体来看，拥有社会属性的 CEO 除了在公司内的工作外，还需要注意自己的社会身份，特别是需要维护个人社会声誉，因此他们会更加规范个人行为，在编制预算计划时并不会为了追求自身利益去建立较多的预算松弛，因为这会影响到他们的个人声誉。

CEO 作为高管层中的最高行政官员，当他们具有与财务类或金融类相关的工作经历时，其在 CEO 群体中会具有一定的专业知识优势。为了提高自身和下属员工的薪酬水平、维护个人的工作能力评级以及增加工作灵活性，具有财务或金融相关工作经历的 CEO 清楚其自身优势，他们在预算编制中会表现得更加自信且业务得心应手，这类 CEO 有动机也有能力去建立更多的预算松弛。

董事长作为股东大会选聘的公司最高利益代表者，主要考虑的还是公司的整体价值，他们对公司的长期发展和业绩的可持续性增长比较看重。女性董事长相比于男性董事长行事更加谨慎、稳健。为了增加公司经营的灵活性、分散市场经济环境变化带来的风险冲击以及减少下级经理有害的利润操纵行为，女性董事长偏好预算目标难度较低的预算计划，这种预算计划所包含的预算松弛程度较高。

CFO 作为高管层中的最高财务执行官员，连接着上层管理人士和下级财务人员，下级财务人员与上级领导之间关于财务信息的不对称程度较高。一般 CFO 都具备良好的财务专业知识，他们在预算编制中掌握了预算计划的主导信息。高学历意味着 CFO 接受的社会道德感教育更充分，其内心所形成的强烈道德感抑制了他们为追求个人利益而去建立预算松弛的行为。

（二）预算松弛对公司产生的经济影响的研究结论

本书还研究了预算松弛可能给公司带来的经济影响，实证研究结果表明：①预算松弛程度与公司市场价值显著负相关。预算松弛作为高管的自利行为选择，会对公司的长期市场价值造成损害。②预算松弛的存在会使得高管更容易达到业绩目标，其进行粉饰性盈余管理的动机会被削弱，这表现为预算松弛会使得公司未来年度的应计盈余管理水平下降。③预算松弛与公司承担的市场风险显著正相关。预算松弛通过提高管理者承担风险的意愿，使其在实务中更容易选择高风险、高回报的项目，从而间接地提高了整个企业所承担的市场风险。

具体来看，公司价值受到市场内投资者决策的影响较大。当预算松弛被视作一种不良信号传递到资本市场中时，投资者会迅速做出反应，调整其投资计划，降低对该上市公司的投资比例。公司的股价会降低，而股价的降低意味着资本市场对该公司价值低估，可能会造成公司价值降低。此时预算松弛被众多投资者视为一种影响公司预算管理的不良现象，他们则预期预算松弛将会影响公司的未来发展前景。

预算松弛的存在降低了企业经营目标完成的难度，管理者会因完成公司业绩而获得理想的薪酬待遇，此时，他们会减少为了提高自身收益而进行的粉饰性盈余管理行为。考虑到预算松弛影响的滞后性，此影响实际反映为预算松弛会降低公司下一年度的盈余管理水平。

企业承担的市场风险可以反映出管理者的风险偏好，企业所承担的市场风险较大意味着公司选择了高风险、高回报的投资项目。当管理者在预算编制中建立了预算松弛，其业绩目标难度会显著降低，此时他们更愿意去选择风险更高、收益更大的投资项目，因而企业所承担的市场风险也会相应增加。预算松弛通过影响管理者承担风险的意愿，间接地提高了企业所承担的市场风险。

本书通过实证研究发现，预算松弛的确存在于我国上市公司的预算管理活动中。从理论分析推演和实证假说验证结果来看，行为经济学的相关理论可以很好地解释预算松弛现象及其影响变量。在我国的经济背景下，公司预算计划中存在的预算松弛更多表现为一种会损害公司利益的高管自利行为，即一种代理问题。本书通过实证研究深入理解了管理者的个人特征、管理者心理结构与其建立预算松弛行为的关联，并探究了预算松弛对公司几类重要经济特征的影响。本研究可以帮助学界、实务界更好地理解预算松弛问题，为企业设计良好的应对方略。

二、关于预算松弛的政策建议

首先，我们对预算松弛这一概念应该有一个清晰的认识，应当辨识"预算松弛"与"预测准确性"。公司的预算计划与实际经营情况将会存在系统性误差，这是难以消弭的客观现实，而预算计划的"预测准确性"可以通过更好的评估手段来提升。"预算松弛"和"系统误差"都会影响"预测准确性"，但"预算松弛"是一种人因结果。

通过文献回顾可知，预算松弛的确存在于公司的预算计划之中（Merchant，1985；Williamson，1964），这在本书研究成果中得到了很好的印证。在预算编制中，上下级管理者的讨价还价结果可以使预算松弛减少，但最后的预算计划中还是存在一定的预算松弛。有的研究认为预算松弛并不能单纯地被看作是一种对企业经营有害的代理问题，在权变理论的分析框架下，预算松弛往往包含了一定的功能性，它可以帮助企业更好地应对经营环境的变化以及保证长期投资计划的有效实施。最终预算计划内包含的预算松弛应该是经理人行为和企业高管层特质共同影响的结果，然而这两种效应是难以厘清的。本书将理论基础建立在了经济学与心理学的交叉视角之下，采用行为经济学相关理论进行分析，结合我国预算的研究背景，经过实证研究得出以下结论：预算松弛在我国企业内表现为一种高管的自利行为，整体上还是一种代理问题，预算松弛的存在会损害公司的利益。因此，在我国的经济背景下，企业应注意尽量减少预算计划内所包含的预算松弛操纵空间。

公司在日常管理中，应当注意优化预算编制流程，设定具体的预算计划协商规则以对上下级管理层之间的沟通与协调机制规范化，确保下级单位（部门）在预算编制中的自主权，使其个人意见能够充分表达。在公司内设定良好的信息交流方式，可以降低预算编制中上下级之间关于预算信息的不对称程度，进而减少下级经理为追求个人利益故意降低预算目标难度而建立的预算松弛。公司减少高管建立预算松弛的行为除了可以通过规范预算编制流程外，还可以针对高管的某些背景特征制定相关政策，使高管的一些心理因素对其建立预算松弛动机的抑制作用提高，以达到减少高管建立预算松弛的最终目的。针对预算松弛会对公司三种重要经济特征带来的影响，公司可根据自身发展战略计划和公司特质，合理控制预算松弛程度，减少预算松弛对公司市场价值造成的损害，使得公司的盈余管理水平、承担的市场风险水平处于合理范围内，以促进公司未来的长期发展。

从市场监管层面的角度来看，我国财政部可以加强并完善关于企业预算披露的相关准则与制度，以引起企业对预算披露的重视。如此可使企业在选择对预算计划进行披露时更加关注其预算编制的质量，这间接对企业高管施加了威权功能，削弱了他们为了逐利而建立预算松弛的动机。

三、研究局限与未来研究展望

目前国内外关于预算松弛的文献，其研究范式多数采用实验（邓德强等，2014；刘俊勇等，2019；郑石桥和王建军，2008；Davis et al.，2006；Hartmann and Maas，2010；Hobson et al.，2011）或问卷调查（高严和柴静，2010；王建军等，2010；Lau and Eggleton，2003；Nouri and Parker，1998）的模式，而利用上市公司指标进行实证研究的文献（雒敏，2010；潘飞等，2008）还相对比较缺乏。本书对预算松弛的相关文献提供了一定的实证研究证据，但由于目前的相关实证类文献较少，故本书研究结论的普适性还有待考证。

关于预算松弛的定义至今仍未完全达成共识。Merchant（1985）认为，预算松弛是指超过项目计划本身所需的预算行为，Dunk（1993）将预算松弛定义为将企业的预算目标制定得比较容易达到的行为，除此之外还有其他一些学者提出了不同的理解方式。若要对预算松弛进行实证研究，一个关键点是需要对预算松弛程度进行合理测度。目前国内十分普遍地采用潘飞和程明（2007）的方法测度预算松弛指标，也有学者提出了一些改进的测度方法（雒敏，2010；郑石桥等，2008），这些测度预算松弛的方法具有很高的理论与实际价值，但还存在改进和优化的空间。本书认为，预算松弛程度的测度指标并非唯一的，在未来的研究中应当"锚定"预算松弛实际上是一个相对指标，具体而言，预算松弛是指企业计划收入的增长率与行业平均收入增长率的差值，需要根据具体情况优化处理。如果研究关涉到市场变化或不同国家的差异时，则应当采用通货膨胀率或 GDP 增长率对预算松弛指标进行调整以去除量纲的影响，使计算得到的指标更具有可比性，最终的研究结论才具有参考价值。

本书的理论基础建立在经济学与心理学的交叉视角下，具体采用行为经济学相关理论与部分心理学常见观点探寻企业高管背景特征与其建立预算松弛倾向性的关系，并得到较为新颖的学术成果。社会学的观点认为组织层面的特质也会对预算编制的结果产生影响，如预算编制中的协商规则、建议采纳办法、组织文化等，这些都会影响个人意见在预算编制中所发挥的作用。我国财政部对于预算编制的要求为"自上而下、自下而上、上下结合"，最终的预算计划是各责任主体协商与博弈调整后的结果。在实际的预算编制中会遇到上下级的协商规则（下属是否掌握足够的预算自主权）、下属对上司服从的同时可否对其行为进行监督、预算制定时是否需要考虑企业的松弛习惯等具体问题，这些组织特质都有可能影响预算计划的编制过程，也可能影响到责任主体建立预算松弛的行为。本书没有考虑组织层面的特征变量对高管心理状态所产生的影响，这种影响可能会导致高管在预算编制中的个人行为倾向性发生变化。企业所处环境的社会价值观也会对企业的文化和员工工作氛围产生影响，若将这些变量纳入预算松弛的分析框架中，那么高管在预算编制中的行为变得更为复杂。如果从社会学的理论视域延拓分析，将组织特质和社会价值观进行量化刻画引入实证模型，本书所研究的主题可能会得到有学术价值的新颖的研究结论，这是本书未来继续深入研究的一个方向。

总之，预算松弛正逐渐成为管理会计领域中一个重要的学术分支，更多、更丰富的议题值得学术界和实务界的努力研究与探索。

参考文献

［1］薄仙慧，吴联生．国有控股与机构投资者的治理效应：盈余管理视角［J］．经济研究，2009（2）：81-91.

［2］陈传明，孙俊华．企业家人口背景特征与多元化战略选择：基于中国上市公司面板数据的实证研究［J］．管理世界，2008（5）：124-135.

［3］陈超，饶育蕾．中国上市公司资本结构、企业特征与绩效［J］．管理工程学报，2003，17（1）：70-74.

［4］陈东．私营企业出资人背景、投机性投资与企业绩效［J］．管理世界，2015（8）：97-121.

［5］陈冬华，章铁生，李翔．法律环境、政府管制与隐性契约［J］．经济研究，2008（3）：62-74.

［6］程惠芳，幸勇．中国科技企业的资本结构、企业规模与企业成长性［J］．世界经济，2003（12）：72-75.

［7］陈海强，韩乾，吴锴．现金流波动、盈利稳定性与公司价值：基于沪深上市公司的实证研究［J］．金融研究，2012（9）：181-194.

［8］陈维，吴世农，黄飘飘．政治关联、政府扶持与公司业绩：基于中国上市公司的实证研究［J］．经济学家，2015（9）：48-58.

［9］程新生，李春荠，朱琳红，罗艳梅．参与式预算行为实证研究［J］．会计研究，2008（5）：53-60.

［10］陈运森，朱松．政治关系、制度环境与上市公司资本投资［J］．财经研究，2009（12）：27-39.

［11］池国华，杨金，邹威．高管背景特征对内部控制质量的影响研究：来自中国A股上市公司的经验证据［J］．会计研究，2014（11）：67-74.

［12］邓德强，刘昊天，谢华，苗霄玮．外在控制与自我控制在抑制预算

松弛中的作用：基于差异调查和道德认知的实验研究［J］．会计研究，2014（4）：49-57.

［13］杜兴强，周泽将．政治联系层级与中国民营上市公司的真实业绩［J］．经济与管理研究，2009（8）：37-43.

［14］杜勇，陈建英．政治关联、慈善捐赠与政府补助：来自中国亏损上市公司的经验证据［J］．财经研究，2016，42（5）：4-14.

［15］贡华章，于增彪，刘强，衣应俭，张双才．我国企业预算管理的引进与发展——纪念我国改革开放30周年［J］．会计研究，2008：9.

［16］高芳，傅仁辉．会计准则改革、股票流动性与权益资本成本：来自中国A股上市公司的经验证据［J］．中国管理科学，2012（4）：29-38.

［17］高严，柴静．预算松弛：基于预算目标难度的实证分析：从MBO及其思想演进的角度［J］．江西财经大学学报，2010（67）：34-38.

［18］纪志明．上市公司成长性的行业特征分析［J］．华南师范大学学报（社会科学版），2005（5）：62-66.

［19］黄国良，董飞，范珂．管理防御对公司业绩影响实证分析：来自中国上市公司的证据［J］．经济理论与经济管理，2010（8）：52-58.

［20］黄国良，罗旭东，施亭宇，孙佳．管理防御对上市公司资本结构的影响［J］．商业研究，2010（5）：53-58.

［21］侯光明，李存金．管理博弈论［M］．北京：北京理工大学出版社，2005：78-80.

［22］黄继承，盛明泉．高管背景特征具有信息含量吗？［J］．管理世界，2013（9）：144-171.

［23］韩静，陈志红，杨晓星．高管团队背景特征视角下的会计稳健性与投资效率关系研究［J］．会计研究，2014（12）：25-31.

［24］黄梅，夏新平．操纵性应计利润模型检测盈余管理能力的实证分析［J］．南开管理评论，2009，12（5）：136-143.

［25］何威风，刘启亮．我国上市公司高管背景特征与财务重述行为研究［J］．管理世界，2010（7）：144-155.

［26］何霞，苏晓华．高管团队背景特征、高管激励与企业R&D投入：来自A股上市高新技术企业的数据分析［J］．科技管理研究，2012（6）：100-108.

［27］胡旭阳．民营企业家的政治身份与民营企业的融资便利：以浙江省

民营百强企业为例［J］．管理世界，2006（5）：107-113.

　　［28］何瑛，张大伟．管理者特质、负债融资与企业价值［J］．会计研究，2015（8）：65-73.

　　［29］姜付秀，黄继承，李丰也，任梦杰．谁选择了财务经历的CEO？［J］．管理世界，2012（2）：96-104.

　　［30］姜付秀，伊志宏，苏飞，黄磊．管理者背景特征与企业过度投资行为［J］．管理世界，2009（1）：138-147.

　　［31］姜付秀，张衡．企业价值、盈利性与成长：中国上市公司控制类型的比较研究［J］．财贸研究，2006（1）：86-91.

　　［32］姜国华，饶品贵．宏观经济政策与微观企业行为：拓展会计与财务研究新领域［J］．会计研究，2011（3）：9-18.

　　［33］蒋尧明，章丽萍．中小企业高层管理者特征与企业可持续增长：基于管理防御理论的分析［J］．经济评论，2012（5）：69-77.

　　［34］金智．新会计准则、会计信息质量与股价同步性［J］．会计研究，2010（7）：19-25.

　　［35］吕长江，金超，陈英．财务杠杆对公司成长性影响的实证研究［J］．财经问题研究，2006（2）：80-85.

　　［36］罗党论，廖俊平，王珏．地方官员变更与企业风险：基于中国上市公司的经验证据［J］．经济研究，2016（5）：130-142.

　　［37］罗党论，唐清泉．中国民营上市公司制度环境与绩效问题研究［J］．经济研究，2009（2）：106-118.

　　［38］李端生，周虹．高管团队特征、垂直对特征差异与内部控制质量［J］．审计与经济研究，2017（2）：24-34.

　　［39］雷光勇，刘慧龙．产权环境、债务契约与公司治理：基于中国A股公司现金股利政策的实证研究［R］．中国会计学会财务成本分会年会暨理论研讨会，2006.

　　［40］雷光勇，李书锋，王秀娟．政治关联、审计师选择与公司价值［J］．管理世界，2009（7）：145-155.

　　［41］刘浩，许楠，时淑慧．内部控制的“双刃剑”作用：基于预算执行与预算松弛的研究［J］．管理世界，2015（12）：130-145.

　　［42］罗劲博．机构投资者异质性、CEO政治关联与盈余管理［J］．会计与经济研究，2016，30（1）：52-77.

[43] 刘继红，章丽珠. 高管的审计师工作背景、关联关系与应计、真实盈余管理 [J]. 审计研究, 2014 (4): 104-112.

[44] 刘俊勇，叶似剑，董琦. 激励方案、人格特质与预算松弛: 一项实验研究 [J]. 经济管理, 2019, 41 (1): 108-123.

[45] 雒敏. 公司特征、预算松弛与盈余管理 [J]. 经济管理, 2010, 32 (4): 129-137.

[46] 刘淇，陈清泰. 邯钢经验指导手册 [M]. 北京: 冶金工业出版社, 1997.

[47] 李文贵，余明桂. 所有权性质、市场化进程与企业风险承担 [J]. 中国工业经济, 2012 (12): 115-127.

[48] 梁上坤，张宇，王彦超. 内部薪酬差距与公司价值: 基于生命周期理论的新探索 [J]. 金融研究, 2019 (4): 188-206.

[49] 卢太平，张东旭. 融资需求、融资约束与盈余管理 [J]. 会计研究, 2014 (1): 35-41.

[50] 卢馨，李慧敏，陈烁辉. 高管背景特征与财务舞弊行为的研究: 基于中国上市公司的经验数据 [J]. 审计与经济研究, 2015 (6): 58-68.

[51] 李小荣，刘行. CEO vs CFO: 性别与股价崩盘风险 [J]. 世界经济, 2012 (12): 102-129.

[52] 卢馨，张乐乐，李慧敏，丁艳平. 高管团队背景特征与投资效率: 基于高管激励的调节效应研究 [J]. 审计与经济研究, 2017 (2): 66-77.

[53] 李焰，秦义虎，张肖飞. 企业产权、管理者背景特征与投资效率 [J]. 管理世界, 2011 (1): 135-144.

[54] 刘运国，刘雯. 我国上市公司的高管任期与 R&D 支出 [J]. 管理世界, 2007 (1): 128-136.

[55] 刘运国，钟婷婷，廖歆欣. 董事长特征与 R&D 支出: 基于终极控制人与地区分布的比较研究 [J]. 当代会计评论, 2011, 4 (1): 68-91.

[56] 刘洋，乔坤元，张建君. 董事长职能背景与企业战略 [J]. 经济学报, 2016, 3 (4): 1-35.

[57] 刘永涛，翟进步，王玉涛. 新会计准则的实施对企业盈余管理行为的影响: 来自中国上市公司的实证证据 [J]. 经济理论与经济管理, 2011 (11): 57-69.

[58] 刘永泽，孙翯. 我国上市公司公允价值信息的价值相关性: 基于企

业会计准则国际趋同背景的经验研究［J］．会计研究，2011（2）：18-24.

［59］毛新述，周小伟．政治关联与公开债务融资［J］．会计研究，2015（6）：26-33.

［60］聂辉华．契约理论的起源、发展和分歧［J］．经济社会体制比较，2017（1）：1-13.

［61］潘爱玲，代鹏．基于心理契约理论的母子公司财务冲突及其纾解策略研究［J］．会计研究，2013（9）：51-57.

［62］潘飞，程明．预算松弛的影响因素与经济后果：来自我国上市公司的经验证据［J］．财经研究，2007（7）：56-67.

［63］潘飞，程明，汪婧．上市公司预算松弛的影响因素及其对公司业绩的影响［J］．中国管理科学，2008，16（4）：111-119.

［64］潘飞，石美娟，童卫华．高级管理人员激励契约研究［J］．中国工业经济，2006（3）：68-74.

［65］马红，王元月．融资约束、政府补贴和公司成长性：基于窝沟战略性新兴产业的实证研究［J］．中国管理科学，2015（23）：630-636.

［66］毛其淋，许家云．政府补贴、异质性与企业风险承担［J］．经济学（季刊），2016，15（4）：1533-1562.

［67］毛新述，余德慧．会计准则趋同、海外并购与投资效率［J］．会计研究，2013（12）：68-76.

［68］毛新述，戴德明．会计制度改革、盈余稳健性与盈余管理［J］．会计研究，2009（12）：38-46.

［69］马永强，赖黎，曾建光．盈余管理方式与信贷资源配置［J］．会计研究，2014（12）：39-45.

［70］马永强，孟子平．金融危机冲击、企业风险缓冲与政府政策选择［J］．会计研究，2009（7）：50-56.

［71］宋建波，文雯，王德宏．海归高管能促进企业风险承担吗?：来自中国A股上市公司的经验证据［J］．财贸经济，2017（12）：111-126.

［72］宋剑峰．净资产倍率、市盈率与公司的成长性［J］．经济研究，2000（8）：36-45.

［73］孙健，王百强，曹丰，刘向强．公司战略影响盈余管理吗?［J］．管理世界，2016（3）：160-169.

［74］沈烈，张西萍．新会计准则与盈余管理［J］．会计研究，2007

（2）：52-58.

[75] 佟成生，潘飞，吴俊. 企业预算管理的功能：决策，抑或控制？[J]. 会计研究，2011（5）：44-49.

[76] 佟加安等. 河北省涿鹿化肥厂责任成本管理 [M]. 化学工业部财务司内部发行，1991.

[77] 唐晓华，王丹. 集群企业合作隐性契约的博弈分析 [J]. 中国工业经济，2005（9）：21-27.

[78] 王爱群，阮磊，王艺霖. 基于面板数据的内控质量、产权属性与公司价值研究 [J]. 会计研究，2015（7）：63-70.

[79] 文芳，胡玉明. 中国上市公司高管个人特征与R&D投资 [J]. 管理评论，2009，21（11）：84-91.

[80] 王福胜，程富. 管理防御视角下的CFO背景特征与会计政策选择：来自资产减值计提的经验证据 [J]. 会计研究，2014（12）：32-38.

[81] 王建军，郑石桥，马新智，张蕊. 企业预算松弛影响因素的结构方程分析 [J]. 新疆大学学报（自然科学版），2010，27（1）：60-66.

[82] 吴敬琏等. 大中型企业改革：建立现代企业制度 [M]. 天津：天津人民出版社，1993.

[83] 王吉顺，张雪珍. 推行责任会计中建立统一核算体系的探索 [J]. 会计研究，1988（4）：28-29.

[84] 王庆文，吴世农. 政治关系对公司业绩的影响：基于中国上市公司政治影响力指数的研究 [R]. 中国实证会计国际研讨会，2008.

[85] 王士红. 所有权性质、高管背景特征与企业社会责任披露：基于中国上市公司的数据 [J]. 会计研究，2016（11）：53-60.

[86] 胥朝阳，刘睿智. 提高会计信息可比性能抑制盈余管理吗？[J]. 会计研究，2014（7）：50-57.

[87] 谢盛纹，杨颖婷. 预算松弛的影响因素与公司业绩研究：来自2004至2007年我国A股市场的证据 [J]. 当代财经，2008（12）：114-118.

[88] 解维敏，唐清泉. 公司治理与风险承担：来自中国上市公司的经验证据 [J]. 财经问题研究，2013（1）：93-99.

[89] 叶建芳，何开刚，沈宇星. 预算考评、企业性质与CEO变更：基于我国A股市场的实证研究 [J]. 会计研究，2014（8）：45-51.

[90] 袁建国，后青松，程晨. 企业政治资源的诅咒效应：基于政治关联

与企业技术创新的考察［J］.管理世界，2015（1）：139-155.

　　［91］余明桂，李文贵，潘红波.民营化、产权保护与企业风险承担［J］.经济研究，2013a（9）：112-124.

　　［92］余明桂，李文贵，潘红波.管理者过度自信与企业风险承担［J］.金融研究，2013b（1）：149-163.

　　［93］元年管理会计研究院.中国企业预算管理的应用现状：一项调查研究［J］.管理会计研究，2018（3）：14-28.

　　［94］杨雄胜.高级财务管理［M］.大连：东北财经大学出版社，2004.

　　［95］余绪缨.现代管理会计是一门有助于提高经济效益的学科［J］.中国经济问题，1983（4）：1-7.

　　［96］于增彪.管理会计研究［M］.北京：中国金融出版社，2007.

　　［97］于增彪，倪汝炜.与美国"泰罗制"相当的中国"涿化制"：涿化"责任成本管理"的调查［J］.会计研究，1997（2）：23-27.

　　［98］于增彪，袁光华，刘桂英，邢如其.关于集团公司预算管理系统的框架研究［J］.会计研究，2004（8）：22-29.

　　［99］郑杲娉，薛健，陈晓.兼任高管与公司价值：来自中国的经验证据［J］.会计研究，2014（11）：24-29.

　　［100］张建君，李宏伟.私营企业的企业家背景、多元化战略与企业业绩［J］.南开管理评论，2007（5）：12-25.

　　［101］周建，李小青.董事会认知异质性对企业创新战略影响的实证研究［J］.管理科学，2012（12）：1-12.

　　［102］赵景文，于增彪.股权制衡与公司经营业绩［J］.会计研究，2012（12）：59-64.

　　［103］张敏，童丽静，许浩然.社会网络与企业风险承担：基于我国上市公司的经验证据［J］.管理世界，2015（11）：161-175.

　　［104］张敏，黄继承.政治关联、多元化与企业风险：来自我国证券市场的经验证据［J］.管理世界，2009（7）：156-164.

　　［105］郑石桥，王建军.信息不对称和报酬方案对预算松弛的影响研究［J］.会计研究，2008（5）：61-68.

　　［106］郑石桥，张伟，李薇.管理层预算松弛原因及后果研究：基于沪深两市制造企业的实证检验［J］.北京师范大学学报（社会科学版），2008（6）：115-125.

［107］张先治，崔莹. 会计准则变革对企业投资行为的影响研究［J］. 财经问题研究，2015（11）：77-84.

［108］张先治，傅荣，贾兴飞，晏超. 会计准则变革对企业理念与行为影响的多视角分析［J］. 会计研究，2014（6）：31-39.

［109］张兆国，刘永丽，谈多娇. 管理者背景特征与会计稳健性——来自中国上市公司的经验证据［J］. 会计研究，2011（7）：11-18.

［110］张兆国，刘亚伟，亓小林. 管理者背景特征、晋升激励与过度投资研究［J］. 南开管理评论，2013，16（4）：32-42.

［111］周泽将，刘中燕，胡瑞. CEO vs CFO：女性高管能否抑制财务舞弊行为［J］. 上海财经大学学报，2016（1）：50-63.

［112］张志强. 考虑全部风险的资本资产定价模型［J］. 管理世界，2010（4）：177-178.

［113］Abernethy M. A., Brownell P. The role of budgets in organizations facing strategic change: An exploratory study［J］. Accounting, Organizations and Society, 1999（24）：189-204.

［114］Acemoglu D., Zilibotti F. Was Prometheus unbound by chance? Risk, diversification and growth［J］. Journal of Political Economy, 1997, 105（4）：709-751.

［115］Acharya V. V., Amihud Y., Litov L. P. Creditor rights and corporate risk-taking［J］. Journal of Financial Economics, 2011, 102（1）：150-166.

［116］Adhikari B. K., Agrawal A., Malm J. Do women managers keep firms out of trouble? Evidence from corporate litigation and policies［J］. Journal of Accounting and Economics, 2019（67）：202-225.

［117］Alchian A., Demsetz H. Production, information costs and economic organization［J］. American Economic Review, 1972, 62（50）：777-795.

［118］Amihud Y., Lev B. Risk reduction as a managerial motive for conglomerate mergers［J］. Bell Journal of Economics, 1981, 12（2）：605-617.

［119］Argyris C. The impact of budget on people［M］. New York, NY: Controllership Foundation, 1952.

［120］Argyris C. Human problems with budgets［J］. Harvard Business Review, 1953, 31（1）：97-110.

［121］Baiman S., Evans J. Pre-decision information and participative management control systems ［J］. Journal of Accounting Research, 1983, 21 （2）: 371-395.

［122］ Baker G. , Gibbons R. , Murphy K. J. Relational contracts and the theory of the firm ［J］. The Quarterly Journal of Economics, 2002, 117 （1）: 39-84.

［123］ Baker M. P. , Wurgler J. A. Behavioral corporate finance: An updated survey ［J］. SSRN Electronic Journal, 2011.

［124］ Bantel K. A. Strategic clarity in banking: Role of top management team demography ［J］. Psychological Reports, 1993, 73 （3）: 1187-1201.

［125］ Bantel K. A. , Jackson S. E. Top Management and Innovations in banking: Does the composition of the top team make a difference? ［J］. Strategic Management Journal, 1989 （10）: 92-107.

［126］ Barker V. L. , Mueller G. C. CEO Characteristics and Firm R&D Spending ［J］. Management Science, 2002, 48 （6）: 782-801.

［127］ Barton S. L. Diversification strategy and systematic risk: Another look ［J］. Academy of Management Journal, 1988, 31 （1）: 166-175.

［128］ Boden R. J. , Nucci A. R. Counting the self-Employed using household and business sample data ［J］. Small Business Economics, 1997, 9 （5）: 427-436.

［129］ Boubakri N. , Cosset J. , Saffar W. The role of state and foreign owners in corporate risk-taking: Evidence from privatization ［J］. Journal of Financial Economics, 2013, 108 （3）: 641-658.

［130］ Bowman E. H. A. A risk-return paradox for straregic management ［J］. Sloan Management Review, 1980, 21 （3）: 17-31.

［131］ Brownell P. Participation in budgeting, Locus of control, and organizational effectiveness ［J］. The Accounting Review, 1981, 56 （4）: 844-860.

［132］ Brownell P. Participation in the budgeting process: When it works and when it doesn't ［J］. Journal of Accounting Literature, 1982: 124-153.

［133］ Brown J. L. , Evans J. H. , Moser D. V. Agency theory and participative budgeting experiments ［J］. Journal of Management Accounting Research, 2009, 21 （1）: 317-345.

［134］ Bruns Jr. W. J. , Waterhouse J. H. Budgetary control and organization structure [J] . Journal of Accounting Research, 1975, 13 (2): 177-203.

[135] Burgstahler D. , Dichev I. Earnings managemet to avoid earnings decrease and losses [J] . Journal of Accounting and Economics, 1997, 24 (1): 99-126.

[136] Cazier R. A. Measuring R&D Curtailment among short-horizon CEOs [J] . Journal of Corporate Finance, 2011, 17 (3): 584-594.

[137] Chapman C. S. Reflections on a contingency view of accounting [J] . Accounting, Organizations and Society, 1997 (22): 189-205.

[138] Chapman C. S. , Hopwood A. G. , Shields M. D. Handbook of management accounting research (Volume 2) [M] . The Boulevard, Langord Lane, Kidlington, Oxford, 2007.

[139] Chenhall R. H. Authoritarianism and participative budgeting: A dyadic analysis [J] . The Accounting Review, 1986, 61 (2): 263-272.

[140] Chenhall R. H. Management control systems design within its organizational context: Findings from contingency-based research and directions for the future [J] . Accounting, Organizations and Society, 2003, 28 (2-3): 127-168.

[141] Chenhall R. H. , Brownell P. The effect of participative budgeting on job satisfaction and performance: Role ambiguity as an intervening variable [J] . Accounting, Organizations & Society, 1988, 13 (3): 225-233.

[142] Chen H. L. CEO Tenure and R&D investment: The moderating effect of board capital [J] . The Journal of Applied Behavioral Science, 2013, 49 (4): 437-459.

[143] Choy H. , Lin J. , Officer M. S. Does Freezing a defined benefit pension plan affect firm risk? [J] . Journal of Accounting and Economics, 2014, 57: 1-21.

[144] Chong V. K. Johnson D. M.. Testing a model of the antecedents and consequences of budgetary participation on job performance [J] . Accounting and Business Research, 2007, 37 (1): 3-19.

[145] Chow C. W. , Cooper J. C. , Haddad K. The effects of pay schemes and ratchets on budgetary slack and performance: A multiperiod experiment [J] . Accounting, Organizations and Society, 1991, 16 (1): 47-60.

[146] Chow C. W. , Cooper J. C. , Waller W. Participative budgeting:

effects of a truth-inducing pay scheme and information asymmetry on slack and performance [J]. The Accounting Review, 1988, 63 (1): 111-122.

[147] Christensen D. M., Dhaliwal D. S., Boivie S., Graffin, S. Top Management conservatism and corporate risk strategies: Evidence from managers' personal political orientation and corporate tax avoidance [J]. Strategic Management Journal, 2015, 36 (12): 1918-1938.

[148] Church B. K., Kuang X., Liu Y. The effects of measurement basis and slack benefits on honesty in budget reporting [J]. Accounting, Organizations and Society, 2019 (72): 74-84.

[149] Claessens S., Djankov S., Fan J. P. H., Lang L. H. P. Disentangling the incentive and entrenchment effects of large shareholdings [J]. Journal of Finance, 2002, 57 (6): 2741-2771.

[150] Coase R. The nature of the firm [J]. Economica, 1937, 4 (16): 386-405.

[151] Coles J. L., Daniel N. D., Naveen L. Managerial incentives and risk-taking [J]. Journal of Financial Economics, 2006, 79 (2): 431-468.

[152] Collins F. The interaction of budget characteristics and personality variables with budgetary response attitudes [J]. The Accounting Review, 1978, 53 (2): 324-335.

[153] Conrad G. R., Plotkin I. H. Risk-return: U. S. industry pattern [J]. Harvard Business Review, 1968, 46 (2): 90-99.

[154] Cootner P. H., Holland D. M. Rate of return and business risk [J]. The Bell Journal of Economics and Management Science, 1970, 1 (2): 211-226.

[155] Covaleski M. A., Evans J. H., Luft J. L., et al. Budgeting research: Three theoretical perspectives and criteria for selective integration [J]. Journal of Management Accounting Research, 2003: 15.

[156] Cucculelli M., Ermini B. New product introduction and product tenure: What effects on firm growth? [J]. Research Policy, 2012 (41): 808-821.

[157] Cyert R. M., March J. G. The behavioral theory of the firm [M]. Prentice Hall, 1963: 126-127.

[158] Daumoser C., Hirsch B., Sohn M. Honesty in budgeting: A review of morality and control aspects in the budgetary slack literature [J]. Journal of Man-

agement Control, 2018 (29): 115-159.

[159] Davila T. , Wouters M. Managing budget emphasis through the explicit design of conditional budgetary slack [J] . Accounting, Organizations and Society, 2005, 30 (7-8): 587-608.

[160] Davis S. , DeZoort F. T. , Kopp L. S. The effect of obedience pressure and perceived responsibility on management accountants' creation of budgetary slack [J] . Behavioral Research in Accounting, 2006, 18 (1): 19-36.

[161] Dechow P. M. , Sloan R. G. , Sweeney A. P. Detecting earnings management [J] . The Accounting Review, 1995, 70 (2): 193-225.

[162] De Long J. B. , Summers L. H. Equipment investment and economic growth [J] . Quarterly Journal of Economics, 1991 (106): 445-502.

[163] Demski J. S. , Feltham G. A. Cost determination: A conceptual approach [M] . Iowa State University Press, Ames, IA, 1976.

[164] Demski J. S. , Feltham G. A. Economic incentives in budgetary control systems [J] . The Accounting Review, 1978, 53 (2): 336-359.

[165] Donaldson L. The contingency theory of organizations [M] . Thousand Oaks, CA: Sage Publications, 2001.

[166] Douglas E. S. The effects of reputation and ethics on budgetary slack [J] . Journal of Management Accounting Research, 2002, 14 (1): 153-171.

[167] Dunk A. S. The effect of budget emphasis and information asymmetry on the relation between budgetary participation and slack [J] . The Accounting Review, 1993, 68 (2): 400-410.

[168] Dunk A. S. , Nouri H. Antecedents of budget slack: A literature review and synthesis [J] . Journal of Accounting Literature, 1998 (17): 72-96.

[169] Evans J. H. III. , Hannan R. L. , Krishnan R. , Moser D. V. Honesty in managerial reporting [J] . The Accounting Review, 2001, 76 (4): 537-559.

[170] Faccio M. , Marchica M. T. , Mura R. CEO Gender, Corporate risk-taking, and the efficiency of capital allocation [J] . Journal of Corporate Finance, 2016 (39): 193-209.

[171] Faccio M. , Marchica M. T. , Mura R. Large shareholder diversification and corporate risk-taking [J] . Review of Financial Studies, 2011, 24 (11): 3601-3641.

[172] Faccio M. , Marchica M. T. , Mura R. CEO gender, corporate risk-taking and the efficiency of capital allocation [R] . Working Paper, Purdue University and Manchester Business School, 2012.

[173] Faccio M. , Masulis R. W. , McConell J. J. Political connections and corporate bailouts [J] . Journal of Finance, 2006 (6): 2597-2635.

[174] Faccio M. , Parsley D. C. Sudden deaths: Taking stock of political connections [M] . Social Science Electronic Publishing, 2006.

[175] Fama E. F. Efficient capital markets: A review of theory and empirical work [J] . Journal of Finance, 1970 (25): 383-417.

[176] Fan J. P. H. , Wong T. J. , Zhang T. Politically connected CEOs, corporate governace and post-IPO performance of China's newly partially privatized firms [J] . Journal of Financial Economics, 2007 (84): 330-357.

[177] Fatseas V. A. , Hirst M. H. Incentive effects of assigned goals and compensation schemes on budgetary performance [J] . Accounting & Business Research, 1992, 22 (88): 347-355.

[178] Feng M. , Li C. , McVay S. E. Internal control and management guidance [J] . Journal of Accounting and Economics, 2009 (48): 190-209.

[179] Festinger L. A. A theory of cognitive dissonance [M] . California: Stanford University Press, 1957.

[180] Fiegenbaum A. , Thoams H. Attitudes toward Risk and the risk-return Paradox: Prospect theory explanations [J] . Academy of Management Journal, 1988, 31 (1): 85-106.

[181] Fisher J. G. , Frederickson J. R. , Peffer S. A. Budgeting: An experimental investigation of the effects of negotiation [J] . The Accounting Review, 2000, 75 (1): 93-114.

[182] Fisher J. G. , Maines L. A. , Sprinkle P. G. B. Using budgets for performance evaluation: Effects of resource allocation and horizontal information asymmetry on budget proposals, budget slack, and performance [J] . The Accounting Review, 2002, 77 (4): 847-865.

[183] Fisher J. G. , Peffer S. A. , Sprinkle G. B. Budget-based contracts, budget levels, and group performance [J] . Journal of Management Accounting Research, 2003, 15 (1): 71-94.

[184] Gaver J. J. , Gaver K. M. , Austin J. R. Additional evidence on bouns plans and income management [J] . Journal of Accounting and Economics, 1995, 19 (1): 3-28.

[185] Grossman S. , Hart O. The costs and benefits of ownership: A theory of vertical and lateral integration [J] . Journal of Political Economy, 1986 (94): 691-719.

[186] Guay W. R. , Kothari S. P. , Watts R. L. A market-based of discretionary accrual models [J] . Journal of Accounting Review, 1996 (34): 83-105.

[187] Habib A. , Hasan M. M. Firm life cycle, corporate risk taking and investor sentiment [J] . Accounting & Finance, 2015 (57): 465-497.

[188] Hambrick D. C. , Mason P. A. Upper echelons: Organization as a reflection of its managers [J] . Academy Management Review, 1984, 9 (2): 193-206.

[189] Hannan R. L. , Rankin F. W. , Towry K. L. The effect of information systems on honesty in managerial reporting: A behavioral perspective [J] . Contemporary Accounting Research, 2006, 23 (4): 885-918.

[190] Han S. CEO political preference and corporate innovation [J] . Finance Research Letters, 2019 (28): 370-375.

[191] Hansen S. C. , Otley D. T. , Van der Stede W. A. Practice developments in budgeting: An overview and research perspective [J] . Journal of Management Accounting Research, 2003: 95-116.

[192] Hart O. , Holmstrom B. A theory of firm scope [J] . Quarterly Journal of Economics, 2010, 125 (2): 483-513.

[193] Hartmann F. G. H. , Maas V. S. Why business unit controllers create budget slack: Involvement in management, social pressure, and machiavellianism [J] . Behavioral Research in Accounting, 2010, 22 (2): 27-49.

[194] Hartmann F. G. H. , Moers F. Testing contingency hypotheses in budgetary research using moderated regression analysis: A second look [J] . Accounting, Organizations and Society, 2003, 28 (7-8): 803-809.

[195] Healy P. M. The effect of bonus schemes on accounting decision [J] . Journal of Accounting & Economics, 1985, 7 (1): 85-107.

[196] Healy P. M. , Wahlen J. M. A Review of the earnings manamgement

literature and its implications for standards setting ［J］. Accounting Horizons, 1999 (13): 365-383.

［197］Hilary G. , Hui K. W. Does religion matter in corporate decision making in america? ［J］. Journal of Financial Economics, 2009, 93 (3): 455-473.

［198］Hirst M. K. The effects of setting budget goals and task uncertainty on performance: A theoretical analysis ［J］. The Accounting Review, 1987, 62 (4): 774-784.

［199］Hirst M. K. , Yetton P. W. The effects of budget goals and task interdependence on the level of and variance in performance: A research note ［J］. Accounting Organizations & Society, 1999, 24 (3): 205-216.

［200］Hobson J. L. , Mellon M. J. , Stevens D. E. Determinants of moral judgments regarding budgetary slack: An experimental examination of pay scheme and personal values ［J］. Behavioral Research in Accounting, 2011, 23 (1): 87-108.

［201］Hope J., Fraser R. Who needs budgets? ［J］ Harvard Business Review, 2003, 81 (2): 108.

［202］Hopwood A. G. An empirical study of the role of accounting data in performance evaluation ［J］. Journal of Accounting Research, 1972, 10 (3): 156-182.

［203］Hutton I. , Jiang D. , Kumar A. Corporate policies of republican managers ［J］. Journal of Financial and Quantitative Analysis, 2014, 49 (5-6): 1279-1310.

［204］Indjejikian R. J. , Nanda D. Executive target bonuses and what they imply about performance standards ［J］. The Accounting Review, 2002, 77 (4): 793-819.

［205］Jensen M. C. Paying people to lie: The truth about the budgeting process ［J］. European Financial Management, 2003, 9 (3): 379-406.

［206］Jensen M. C. , Meckling W. H. Theory of the firm: Managerial behavior, agency costs and ownership structure ［J］. Journal of Fiancial Economics, 1976, 3 (4): 305-360.

［207］Jensen M. C. , Zajac E. J. Corporate elites and corporate strategy: How demographic preference and structural position shape the scope of the firm

［J］. Strategic Management Journal, 2004, 25（6）: 507-524.

［208］John K. , Litov L. , Yeung, B. Corporate governance and risk taking ［J］. Journal of Finance, 2008, 63（4）: 1679-1728.

［209］Johnson H. T. , Kaplan R. S. Relevance lost ［M］. Boston, MA: Harvard Business School Press, 1987: 12.

［210］Jones J. J. Earnings management during import relief investigations ［J］. Journal of Accounting Research, 1991, 29（2）: 193-228.

［211］Kasznik R. , Lev B. To warn or not to warn: Management disclosures in the face of an earnings surprise ［J］. The Accounting Review, 1995, 70（1）: 113-134.

［212］Kelly K. , Webb R. A. , Vance T. The interactive effects of ex post goal adjustment and goal difficulty on performance ［J］. Journal of Management Accounting Research, 2014, 27（1）: 1-25.

［213］Kimberly J. R. , Evanisko M. J. Organizational innovation: The influence of individual, Organizational, and Contextual factors on hospital adoption of technological and administrative innovations ［J］. The Academy of Management Journal, 1981, 24（4）: 689-713.

［214］Kim E. H. , Lu Y. CEO Ownership, external governance and risk-taking ［J］. Journal of Financial Economics, 2011（102）: 272-292.

［215］Kini O. , Williams R. Tournament incentive, firm risk, and corporate policies ［J］. Journal of Financial Economics, 2012, 103（2）: 350-376.

［216］Kirby A. J. , Reichelstein S. , Sen P. K. , Paik T. Participation, slack, and budget-based performance evaluation ［J］. Journal of Accounting Research, 1991, 29（1）: 109-128.

［217］Lau C. M. , Eggleton I. R. C. The influence of information asymmetry and budget emphasis on the relationship between participation and slack ［J］. Accounting and Business Research, 2003, 33（2）: 91-104.

［218］Lawrence P. R. , Lorsch J. W. Differentiation and integration in complex organizations ［J］. Administrative Science Quarterly, 1967, 12（1）: 1-47.

［219］Lawrence, P. R. , Lorsch, J. W.. Organizations and environment ［M］. Homewood, IL: Irwin, 1969.

［220］Liessem T. , Schedlinsky I. , Schwering A. , Sommer F. Budgetary slack under budget-based incentiveschemes—The behavioral impact of social preferences, organizational justice, and moral disengagement [J] . Journal of Management Control, 2015, 26 (1): 81-94.

[221] Libby T. The influence of voice and explanation on performance in a participative budgeting setting [J] . Accounting Organizations & Society, 1999, 24 (2): 125-137.

[222] Libby T. The effect of fairness in contracting on the creation of budgetary slack [J] . Advances in Accounting Behavioral Research, 2003 (6): 145-169.

[223] Li J. , Tang Y. CEO Hubris and firm risk taking in China: The moderating role of managerial discretion [J] . Academy of Management Journal, 2010 (53): 45-68.

[224] Lindquist T. M. Fairness as an antecedent to participative budgeting: Examining the effects of distributive justice, procedural justice and referent cognitions on satisfaction and performance [J] . Journal of Management Accounting Research, 1995, 7 (1): 122-147.

[225] Lin J. Y. , Cai Y. , Li Z. Competition, Policy burdens, and state-owned enterprise reform [J] . American Economic Review, 1998 (88): 422-427.

[226] Li S. X. Boss, Cut me some slack: Employee-initiated innovation and execution task time constraints [M] . New York: Social Science Electronic Publishing, 2015.

[227] Little H. T. , Magner N. R. , Welker R. B. The fairness of formal budgetary procedures and their enactment: Relationships with managers' behavior [J] . Group and Organization Management, 2002, 27 (2): 209-225.

[228] Low A. Managerial risk-taking behavior and equity-based compensation [J] . Journal of Financial Economincs, 2009 (92): 470-490.

[229] Lukka K. Budgetary biasing in organizations: Theoretical framework and empirical evidence [J] . Accounting Organizations & Society, 1988, 13 (3): 281-301.

[230] Lumpkin G. T. , Dess G. G. Clarifying the entrepreneurial orientation construct and linking it to performance [J] . Academy of Manangement Review, 1996, 21 (1): 135-172.

[231] Magner N. , Welker R. B. , Campbell T. L. The interactive effect of budgetary participation and budget favorability on attitudes toward budgetary decision makers: A research note [J] . Accounting Organizations & Society, 1995, 20 (7-8): 611-618.

[232] Merchant K. A. The Design of the Corporate Budgeting System: Influences on managerial behavior and performance [J] . The Accounting Review, 1981, 4 (4): 813-829.

[233] Merchant K. A. Budgeting and the propensity to create budgetary slack [J] . Accounting Organizations & Society, 1985, 10 (2): 201-210.

[234] Merchant K. A. The effects of financial controls on data manipulation and management myopia [J] . Accounting Organizations and Society, 1990, 15 (4): 297-313.

[235] Merchant K. A. , Manzoni J. The achievability of budget targets in profit centers: A field study [J] . The Accounting Review, 1989, 64 (3): 539-559.

[236] Merchant K. A. , Simons R. Research on control in complex organizations: An overview [J] . Journal of Accounting Literature, 1986: 183-203.

[237] Merchant K. A. , Van der Stede W. A. Management control systems: performance measurement, evaluation and incentives [M] . London: Pearson/ Prentice Hall, 2003.

[238] McConnel J. J. , Servaes H. Additional evidence on equity ownership and coporate value [J] . Journal of Financial Economics, 1990, 27 (2): 595-612.

[239] Montgomery C. A. , Singh H. Diversification strategy and systematic risk [J] . Strategic Management Journal, 1984, 5 (2): 181-191.

[240] Murphy K. J. Corporate performance and managerial remuneration : an empirical and analysis [J] . Journal of Accounting and Economics, 1985, 7 (1- 3): 11-42.

[241] Murphy K. J. Performance standards in incentive contracts [J] . Journal of Accounting and Economics, 2001, 30 (3): 245-278.

[242] Nohria N. , Gulati, R. Is slack good or bad for innovation? [J] . The academy of Management Journal, 1996, 39 (5): 1245-1264.

[243] Nouri H. Using organizational commitment and job involvement to predict

budgetary slack: A research note [J]. Accounting Organizations & Society, 1994, 19 (3): 289-295.

[244] Nouri H., Parker R. J. The relationship between budget participation and job performance: The roles of budget adequacy and organizational commitment [J]. Accounting Organizations and Society, 1998, 23 (5-6): 467-483.

[245] Onsi M. Factor analysis of behavioral variables affecting budgetary slack [J]. The Accounting Review, 1973, 48 (3): 535-548.

[246] Otley D. Budget use and managerial performance [J]. Journal of Accounting Research, 1978, 16 (1): 122-149.

[247] Penno M. Accounting systems, participation in budgeting, and performance evaluation [J]. The Accounting Review, 1990, 65 (2): 303-314.

[248] Perrow C. A framework for comparative organizational analysis [J]. American Sociological Review, 1967 (32): 194-208.

[249] Palmer T. B., Wiseman R. M. Decoupling risk taking from income stream uncertainty: A holistic model of risk [J]. Strategic Management Journal, 1999, 20 (11): 1037-1062.

[250] Renn R. W. Participation's effect on task performance: Mediating roles of goal acceptance and procedural justice [J]. Journal of Business Research, 1998, 41 (2): 115-125.

[251] Schiff M., Lewin A. Y. The impact of people on budgets [J]. The Accounting Review, 1970, 45 (2): 259-268.

[252] Searfoss D. G. Monczka R. M. Perceived participation in the budget process and motivation to achieve the budget [J]. The Academy of Management Journal, 1973, 16 (4): 541-554.

[253] Shleifer A., Vishny R. W. State versus private ownership [J]. Journal of Economic Perspective, 1998, 12 (4): 133-150.

[254] Shields M. D., Young S. M. Antecedents and consequences of participative budgeting: Evidence on the effects of asymmetrical information [J]. Journal of Management Accounting Research, 1993 (5): 265-280.

[255] Simons R. Accounting control systems and business strategy: An empirical analysis [J]. Accounting, Organizations and Society, 1987, 12 (4): 357-374.

[256] Simons R. Analysis of the organizational characteristics related to tight budget goals [J]. Contemporary Accounting Research, 1988, 5 (1): 267-283.

[257] Spence M. Job market signaling [J]. The Quarterly Journal of Economics, 1973, 87 (3): 355-374.

[258] Stevens D. E. The effects of reputation and ethics on budgetary slack [J]. Journal of Management Accounting Research, 2002, 14 (1): 153-171.

[259] Tihanyi L., Ellstrand A. E., Daily C. M., Dalton D. R. Composition of the top management team and firm international diversification [J]. Journal of Management, 2000, 26 (6): 1157-1177.

[260] Van der Stede W. A. The relationship between two consequences of budgetary controls: Budgetary slack creation and managerial short-term orientation [J]. Accounting Organizations & Society, 2000, 25 (6): 609-622.

[261] Waller M. J., Huber G. P., Glick W. H. Functional background as a determinant of executives' selective perception [J]. Academy of Management Journal, 1995, 38 (4): 943-974.

[262] Waller W. S. Slack in participative budgeting: The joint effect of a truth-inducing pay scheme and risk preferences [J]. Accounting Organizations & Society, 1988, 13 (1): 87-98.

[263] Walker K. B., Johnson E. N. The effects of a budget-based incentive compensation scheme on the budgeting behavior of managers and subordinates [J]. Journal of Management Accounting Research, 1999 (11): 1-29.

[264] Webb R. A. The impact of reputation and variance investigations on the creation of budget slack [J]. Accounting Organizations & Society, 2002, 27 (4): 361-378.

[265] Weitzman M. L. The new soviet incentive model [J]. Bell Journal of Economics, 1976, 7 (1): 251-257.

[266] Wentzel K. Do perceptions of fairness mitigate managers' use of budgetary slack during asymmetric information conditions? [J]. Advances in Management Accounting, 2004 (13): 223-244.

[267] White H. A heteroskedasticity-consistent covariance matrix estimator and a direct test for heteroskedasticity [J]. Econometrica, 1980, 48 (4): 817-838.

[268] Wiersema M. F. , Bantel K. A. Top management team demography and corporate strategic change [J] . Academy of Management Journal, 1992, 35 (1): 91-121.

[269] Williamson O. E. The economics of discretionary behavior: Managerial objectives in a theory of the firm [M] . New Jersey: Prentice Hall, 1964.

[270] Young S. M. Participative budgeting: The effects of risk aversion and asymmetric information on budgetary slack [J] . Journal of Accounting Research, 1985, 23 (2): 829-842.

[271] Yuen D. C. Y. Goal characteristics, communication and reward systems, and managerial propensity to create budgetary slack [J] . Managerial Auditing Journal, 2004, 19 (4): 517-532.

[272] Zeff S. A. The rise of "economic consequences" [J] . Journal of Accountancy, 1978, 146 (6): 56-63.